U1001595

走进“一带一路”丛书

海峡“门臼”边的花园之国

新加坡

赵 伐 编著

Singapore

浙江工商大学出版社
ZHEJIANG GONGSHANG UNIVERSITY PRESS
·杭州·

图书在版编目(CIP)数据

海峡"门臼"边的花园之国：新加坡 / 赵伐编著.
— 杭州 ：浙江工商大学出版社，2019.11
(走进"一带一路")
ISBN 978-7-5178-3355-0

Ⅰ. ①海… Ⅱ. ①赵… Ⅲ. ①新加坡－概况 Ⅳ.
①K933.9

中国版本图书馆 CIP 数据核字(2019)第 149809 号

海峡"门臼"边的花园之国——新加坡
HAIXIA "MENJIU" BIAN DE HUAYUAN ZHI GUO——XINJIAPO
赵　伐　编著

责任编辑　王黎明
封面设计　林朦朦
责任校对　张春琴
责任印制　包建辉
出版发行　浙江工商大学出版社
(杭州市教工路 198 号　邮政编码 310012)
(E-mail:zjgsupress@163.com)
(网址:http://www.zjgsupress.com)
电话:0571-88904980,88831806(传真)
排　　版　杭州朝曦图文设计有限公司
印　　刷　杭州高腾印务有限公司
开　　本　880mm×1230mm　1/32
印　　张　5.875
字　　数　138 千
版 印 次　2019 年 11 月第 1 版　2019 年 11 月第 1 次印刷
书　　号　ISBN 978-7-5178-3355-0
定　　价　49.80 元

版权所有　翻印必究　印装差错　负责调换
浙江工商大学出版社营销部邮购电话　0571-88904970

目　录

开篇

上篇　新加坡的前世

中篇　新加坡的今生

下篇　新加坡与浙江

开篇

新加坡共和国很小，由新加坡岛、德光岛、乌敏岛和圣淘沙岛等 63 个岛屿组成，面积只有 724.4 平方公里，不足浙江省的 1/145；人口约 564 万，是浙江省的 1/10。

但这个小国却很有名气。

首先是它的战略地位不可小觑。新加坡位于马来半岛最南端，扼守马六甲海峡咽喉要地，而这条海峡是印度洋直通太平洋的航运要道，是连接亚、非、欧三大洲的重要海上交通枢纽，现在承担着全球约 40%的贸易输送量。日本 90%和中国 60%的原油进口必须经过这条海峡。

其次是它的成长速度令人惊叹。从 1965 年独立至今，经过短短 50 多年，新加坡就从一个混乱不堪的贫穷小国，一跃成为全球最富裕的国家之一，是亚洲最重要的航运和服务中心，世界电子工业中心，世界第二大钻井平台生产基地，世界第三大炼油中心，继纽约、伦敦、香港之后的第四大国际金融中心，全球最健康城市，世界最美“花

新加坡国旗

园之国”。

新加坡还有许多享誉全球的排名：2008 年全球化指数在 62 个国家中排名第一；2009 年商业环境在 155 个国家中排名第一；2010 年政府廉洁程度在 180 个国家中排名第一；2015 年在世界宜居城市评选中居全球第一；2017 年被评为全球最佳移民目的地，人才竞争力指数全球第二，全球城市实力指数排名第五；2018 年，全球竞争力在 70 个国家中排名第一；等等。

根据美国咨询公司盖洛普(Gallup)发布的 2018 年《全球法律与秩序》报告，对“全球治安最好国家”进行排名，在 142 个国家和地区中，新加坡以最高分 97 分排名第一。2018 年，欧洲通信产业商业资讯公司(Juniper Research)从出行、医疗、公共安全和生产力四个方面对全球 87 个智慧城市进行排名，新加坡又高居榜首。另外，在耶鲁大学环境法律与政策中心和哥伦比亚大学国际地球科学信息网络中心联合实施的全球环境绩效指数排名中，新加坡位列亚洲第三。

面对这一张张靓丽的名片，人们在对新加坡刮目相看的同时，自然会对这个国家的方方面面萌生出好奇之心：

新加坡为什么叫“狮城”？而据考证，马来半岛一带自古就没有狮子这样的动物存在过。

新加坡国徽

新加坡既然视狮子为国家象征，可为什么在国徽上又多出来一只守护盾徽的老虎？

新加坡为什么要把一个名叫“莱佛士”的英国人奉为“开山鼻祖”，而英国距离新加坡有十万八千里之遥？

在新加坡的四大民族中，华人占 75%，可为什么新加坡最初把国语定为马来语，国歌也是马来语，国徽上的文字“前进吧，新加坡”还是马来语？

新加坡华人大多讲福建、广东、海南的方言，可为什么政府非要强推华语(即普通话)，不鼓励人民讲方言？

新加坡国旗上的白色新月代表冉冉升起的年轻国家，红白两色象征普遍的兄弟情义和纯洁。在人类追求的众多美德中，新加坡为什么对兄弟情义和纯洁情有独钟？

新加坡国旗上的五颗星分别代表“民主、和平、进步、正义、平等”这五项国家核心价值观，可为什么没有西方价值观中的标配——“自由”，而大多数人认为新加坡是一个西化了的国家？

新加坡既无自然禀赋，又无经济腹地，更无产业、品牌、资本、人才、技术、市场等资源，为什么能在短短半个世纪中实现经济的腾飞？

新加坡现代化的法律制度非常健全，可为什么还保留着“鞭刑”这一古代奴隶社会和封建社会遗留下来的肉体酷刑？

新加坡有优质的中小学教育，被誉为低龄留学国的首选地，是全球最适合儿童成长的国家①，可为什么新加坡的基础教育还是有人诟病？

2018 年举世瞩目的“特金会”为什么会选在新加坡举行？作为一个小国，新加坡为什么在国际舞台上如此活跃？它与中国、美国等大国的关系如何？作为海上丝绸之路的重要节点国

---

① 2018 年 5 月，国际非政府组织救助儿童会(Save the Children)发布《2018 年终结童年指数》(End of Childhood Index Results 2018)。新加坡和斯洛文尼亚在全球 175 个国家中并列第一，成为世界最适合儿童成长的国家。

家，它如何看待中国的“一带一路”倡议？它与浙江有无交往？在新加坡的浙江人和在浙江的新加坡人是如何工作、生活、创业的？

但愿此书接下来的章节能满足人们的这些好奇，带领大家了解一番新加坡的前世与今生。

上篇

新加坡的前世

曾是“默默无闻的渔村”？

一提起“来福士”，人们也许会想到中国许多城市里灯红酒绿、熙熙攘攘的来福士广场。在新加坡，更是随处可见以“来福士（莱佛士）”命名的商场、酒店、广场、地铁站等。其实，这个世界知名综合商用项目品牌源自一个英国人的名字：托马斯·史丹佛·莱佛士（又译来福士）（1781—1826），是他于 1819 年率众在今天新加坡河畔、介于旧国会大厦和皇后坊之间的北岸登陆。于是，按照英国人一贯的殖民叙述，“文明的白人”又一次在地球的某个角落“发现”了一片蛮荒之地，又一次在黑暗的中心点亮了文明之火，就像如今坐落在登陆地点的莱佛士雕像下的碑文所写：“托马斯·史丹佛·莱佛士，于一八一九年正月廿八日，于此历史性地点，首次在新加坡上岸，以其聪明才智与远见改变新加坡的命运，由一个默默无闻的渔村，成为一个大海港和现代化城市。”

然而，在莱佛士的伟大发现之前，新加坡真的只是个“默默无闻的渔村”吗？

早在马六甲海峡成为海上丝绸之路的重要商道之前，新加坡连同海峡两岸的其他城市，如巨港和马六甲，确实默默无闻。《汉书·地理志》记载，当时中国与印度之间的南海商路并不经过马六甲海峡，而是从广东出发，沿东南亚半岛各国的海岸线浅海区西行，穿过马来半岛进入孟加拉湾，最后到达终点——今日南印度的康契普纳姆。这条水路与陆路结合、被史学家称作“马来半岛的联运航线”造就了自公元3至6世纪称雄东南亚的护南古国，其版图纵跨今天的越南南部、湄公河中下游、湄南河流域的大半及马来半岛的大部分区域。也许是因为陆路辗转十分艰辛，但主要是因为造船和航海技术的提升，自唐初起，越来越多、越来越大的船舶满载着中国的丝绸和瓷器、马鲁古群岛的香料、印度的棉布、阿拉伯的干枣和皮革、非洲的象牙和宝石等货物，能在“洪涛接天，巨浪如山”的险恶海况下“云帆高张，昼夜星驰”，乘着季风浩浩荡荡穿过马六甲海峡，径直驶向各自的目的地，或是在等待季风、躲避风暴的日子里停泊在享有“风下之地”美誉的海峡港口。从此，马六甲海峡为坐落在它两岸的各港口城市带来了如云的风帆、如林的桅杆、如织的商人，更带来了无限的商机、无数的财富，还有无休止的你争我夺，拉开了此消彼长、兴衰荣辱的历史帷幕。

或许是由于航运路线的转移，护南古国在南海商路上的地位渐渐被马六甲海峡城市所取代。在新一轮财富与权力的竞争中，抢得先机的是地处海峡南岸印尼苏门答腊岛东南部的水城——巨港。这座与新加坡隔海相望的古城，马来语称作“巴邻旁”，意思是“常被水淹的地方”，因此，这里也有“东方威尼斯”之别称。公元7世纪，印尼古国室利佛逝王朝（亦称三佛齐）建都于此。这个“海上王国”拥有两万多人的军队，北守马六甲海峡，南扼巽他海峡，东来西往的船只进出海峡一律课税。这里，店铺林立，商贾云集，兴隆的贸易使这座水城发达起来，成为东南亚的商业霸主，长达640年之久。不过，财多遭人妒。1017年，北方的印度古国朱罗王朝垂涎室利佛逝的财富，操戈大举南侵，致使室利佛逝损兵折将，国库空虚，势力削弱。从此，国力衰微的室利佛逝又强撑了2个世纪，最终被南面爪哇岛上的另一个古国满者伯夷吞并。其间，以华人陈祖义（？—

1407)为首的海盗乘虚而入，盘踞巨港10余年，杀人越货，雄霸东南亚海域、印度洋和台湾海峡，直到1405年郑和的宝船舰队将其捉拿，押回京城斩首。

巨港的陨落却为它对岸的一座弹丸小岛提供了勃发的机遇，这座岛名叫“淡马锡”，马来语的意思是“被海包围的地方”。据马来古典文学作品《马来纪年》，1299年，巨港的室利佛逝国王的儿子圣尼罗尤多摩狩猎时爬上一处悬崖，望见大海远处有座小岛，沙滩好似一幅白布熠熠发光。他携随从驾船前去，途中却突遇风暴，船只进水下沉。众人急忙抛下船上的东西以减轻船重，但无济于事。最后，王子只得往海里抛下自己的头冠，一船人这才安然抵达小岛。上岛后，王子突然看见一头毛赤胸白头黑的瑞兽，忙问何物，随从告知是狮子。王子甚是喜欢，视此岛为吉地，把它称作“Singapura”，梵语的意思是“狮城”，并在此建立了新的王国，也就是今天新加坡的前身。

这故事虽有神话成分，但有观点认为它蕴含着某种象征：抛冠入海象征权力的转移。当时的室利佛逝王朝气数将尽，曾经的国都巨港已无力凝聚马来人，于是，权力的中心向狮城转移，马六甲海峡又有了新宠。历史上，狮城王朝共传了5世，光这位号称“天地冥三界之王”的圣尼罗尤多摩就在位48年。他在新加坡河北口岸和福康宁山之间的平原上建起城池，依山傍水，把守着本地区航运的十字路口。从此，大批来自中国、印度、阿拉伯和东南亚地区的商人在这里云集、经商，“贸易之货：赤金、青缎、花布、处瓷器、铁鼎之类”，足见商贸形式之丰富，规模之宏大。商船如遇海盗，则“须驾箭棚、张布幕、利器械以防之。贼舟二三百只必然来迎，敌数日。若侥幸顺风，或不遇之。

否则人为所戮，货为所有，则人死系乎顷刻之间也”①。此地的海盗之多之猖獗，从另一个侧面也反映了狮城富甲一方，有的是油水可捞可抢。当然，觊觎狮城财富的还不只是海盗。13 世纪末至 1377 年，爪哇岛上的满者伯夷国仗着国富兵强，不断侵扰狮城，有一次竟号令 20 万大军，驾大小船只几百艘，由狮城的内奸宰相接应，血洗城池，搜刮财宝。当满者伯夷军队返回爪哇之后，北方的暹罗王国又趁机南下，把狮城纳入它的势力范围。这座贸易之城从此辉煌不再，沦为暹罗的附属。从狮城逃出的室利佛逝末代王子拜里米苏拉(1344—1424)辗转至海峡最狭窄的地方，在一片沼泽地上建立起另一个耀眼的海上王国——马六甲王朝。从此，由海上贸易带来的财富与荣耀又易手海峡的这座新城——马六甲。

可见，在莱佛士发现新加坡之前，这里原本是一个人口稠密、生意兴隆、富庶繁荣、“曾经的众海之商业中心”，“但其历史却迷失在古老的迷雾中”。② 在断壁残垣、灰烬瓦砾之下，静静地埋着曾经的鼎盛与喧嚣。繁华落尽，物是人非，只有马六甲海峡能够见证这里曾有的繁荣。其实，就连莱佛士本人也从未自诩为新加坡的“发现者”，而是立志要做一位“古代繁荣港口的复兴者”。

---

① 〔元〕汪大渊:《岛夷志略》。

② 康斯坦斯·玛丽·藤布尔著，欧阳敏译:《新加坡史》，中国出版集团东方出版中心 2016 年版，第 38 页。

富有远见的莱佛士

真可谓螳螂捕蝉黄雀在后。就在海峡域内各王朝为财富和权力争得你死我活的时候，域外势力带着更长远的眼光、更贪婪的阴谋、更先进的手段，一步步逼近马六甲海峡。欧洲早期资本主义国家为扩大资本的原始积累，依仗工业革命带来的坚船利炮，在与阿拉伯人缠斗不休、欧亚陆路扩张受阻的情况下，循海路另辟蹊径，途经非洲的佛得角，绕过最南端的好望角，穿过印度洋，来到通往传说中的富庶东方的必经要道——马六甲海峡。第一批杀到的是葡萄牙人。第一个遭遇亡国之灾的是处于海峡要地的贸易名城马六甲。

1511 年 4 月，葡萄牙国王曼努埃尔一世(1469—1521)在企图垄断全球香料贸易的巨大诱惑下，令葡属印度殖民地总督、号称“葡萄牙战神”“海上雄狮”“东方恺撒”的阿方索·德·阿尔布克尔克将军(1453—1515)率 18 艘军舰、1200 名军人的舰队，兵临马六甲城下。激战 40 天之后，这座贸易重镇落入葡萄牙人之手。

在接下来的 100 多年里，也许是因为马来人持续顽强的反攻，也许是因为后来的荷兰人、英国人明里暗里的争夺，葡萄牙独霸马六甲及其香料贸易的企图并未得逞。海峡的贸易分散到了其他几个城市和地区，如马来半岛南端的柔佛、苏门答腊岛西北角的亚齐等。从 17 世纪初起，荷兰人开始挑战葡萄牙人，采用“只贸易、不传教”和容忍伊斯兰教的策略，与柔佛苏丹国和亚齐苏丹国结盟,最终于 1641 年从葡萄牙人手中夺下马六甲。不过,荷兰人更大的野心是以巴达维亚(即今天的印尼首都雅加达)为据点,将自己的势力扩大到东南亚、中国、日本等更广阔的区域,因此,并未把马六甲作为主要据点。

相比之下,英国人角逐马六甲海峡要晚得多,而且一开始对荷兰在马来群岛的势力还有所忌惮。到 18 世纪中叶之后,英国人才陆续在苏门答腊岛的明古连(后称明古鲁)、婆罗洲岛的巴兰邦岸岛和马来半岛西北部的槟榔屿建立起贸易站。1818 年,刚被英属东印度公司委任为明古连副总督的莱佛士认为,英国人现有的几处贸易站战略位置都不佳,无法打破荷兰人对马六甲海峡的垄断,而这条海峡又是通往中国的必经商路。于是,他多次向英属东印度公司驻印度的总督黑斯廷斯勋爵(1754—1826)提议,要求另寻他处建立殖民地。"荷兰人占据了船只可进入这片海岛的唯一入口——巽他海峡和马六甲海峡;英国人如今在好望角和中国之间已完全没有立足之地,没有一个友好的港口可供补充淡水和给养品。"①他敦促政府应在海峡的某处建立一个武装贸易站,而且他相信,这样的贸易站"一旦建成,很快就会成功对抗身边的列强(即荷兰),迫使它要么接受自由的贸易规则,要么就看着这片海域的贸易被纳入英国旗下"②。

1818 年末,黑斯廷斯决定授权莱佛士在马来半岛的南端寻

① 康斯坦斯·玛丽·藤布尔著,欧阳敏译:《新加坡史》,中国出版集团东方出版中心 2016 年版,第 13 页。

② J. F. A. McNair & W. D. Bayliss, *Prisoners Their Own Warders*: *A Record of the Convict Prison at Singapore in the Straits Settlements Established* 1825, Westminster: Archibald Constable and Co, 1899, p. 33.

找新据点，但前提条件是不得使英国东印度公司与荷兰人发生冲突。一连几周，莱佛士一行悄悄地驾船沿马六甲海峡寻找，最初发现的几座小岛都不太如意，不是已经被荷兰人占据，就是没有理想的港口。1819 年 1 月 28 日，莱佛士的船队来到几个世纪以来被满者伯夷王朝的军队、暹罗王朝的军队、葡萄牙的军队及海盗轮番洗劫，以至于让荷兰人没瞧上眼的狮城新加坡。这里地处马来半岛的最南端、马六甲海峡的“门臼”位置，不仅拥有天然的良港和充足的淡水，还有大量的木材可供维修船舶之用，但最诱人的是，这里没有荷兰人。

在发现新加坡之后，莱佛士一行并未贸然登陆，而是在棋樟山(又称圣约翰岛)附近的海面上停留了一夜，第二天先派华人木匠阿曾志和两名水手上岸侦察。在看见岛上只住有千把马来人、华人和土著，并没有荷兰人之后，阿曾志在山上升起一面大旗，表示此地安全，可以登陆。

莱佛士上岸后，发现新加坡河口有一幢马来人修建的宫殿，里面住着柔佛王国派驻此地的天猛公阿卜杜尔·拉赫曼，因为此时的新加坡已是柔佛王国的属地。莱佛士向天猛公提出，希望准许英国人在港口旁边兴建仓库和贸易站。天猛公正想利用外来势力扩大自己的权力和影响，当即表示同意，但他无权签订对外协议，还需向国王柔佛苏丹请示，而柔佛苏丹是荷兰人的傀儡，此事他恐难应允。

莱佛士是一位对马来历史和政治颇有研究的人。他知道现任的柔佛苏丹并非名正言顺。老国王去世时，理应继位的长子东姑隆王子正在外地结婚，他弟弟东姑阿杜拉曼王子趁他不在皇城，便在几个大臣的撺掇下篡了王位。莱佛士与天猛公合谋，偷偷将东姑隆王子(也是天猛公的女婿)，接到新加坡，拥立他为“合法的”柔佛苏丹，并与之签订协议，允许英属东印度公司在新加坡沿海的一个区域内兴建贸易站，不允许其他国家在此建居留地，而东姑隆王子和天猛公各自每年从东印度公司获得薪金 5000 和 3000 西班牙银圆。就这样，在莱佛士的不懈努力下，英国人硬是在马六甲海峡荷兰人的势力范围内打进了一个楔子，建立起了一个战略地位十分重要的中转站。作为廖内、林吉和柔佛总督的代理，莱佛士当即便委任同行的威廉·法夸尔少校担任新加坡的第一任驻扎官兼军队指挥官，他自己则于第二天返回明古连，履行他在那儿的副总督职责。

当然，莱佛士等人的最终目的并不是只在新加坡海边建个小小的贸易站。1823 年 6 月，他趁柔佛苏丹和天猛公要求提高年薪的机会，与之续订协议，以两人各 1500 银圆和 800 银圆的终身月薪代价，买断了新加坡全岛的司法权、税收权等一系列权利，附带的限制性条件是英国人要尊重马来人的习俗、传统、宗教，“前提是这些东西不得有悖于理智、公正或人道”①。1824 年 8 月，第二任驻扎官约翰·克劳福德再与柔佛苏丹签订“友好盟约”，约定将新加坡岛连同附近的海域、海峡和岛屿的全部管辖权和产权永远割让给英国东印度公司。

法夸尔对新加坡的管理一开始就困难重重。首先要对付的是荷兰人的愤怒。在得知莱佛士的行动之后，荷兰人先是准备调兵夺回新加坡，可无奈莱佛士早有预料，从明古连调来上百印度士兵重兵把守；荷兰人继而向英国政府强烈抗议，不认可莱佛士扶持的柔佛苏丹，不承认英国人对新加坡的占领。出于当时英荷两国正在就两国关系进行一揽子谈判的考虑，英国政府急令莱佛士，不得采取过激行动。可惜天高皇帝远，等政

---

① 康斯坦丝·玛丽·藤布尔著，欧阳敏译：《新加坡史》，东方出版中心 2016 年 3 月，第 33 页。

府指令传到新加坡，莱佛士早已将生米煮成了熟饭。直到1824年英荷签订《伦敦协议》，两国围绕新加坡的争夺才尘埃落定，荷兰正式承认新加坡为英国的殖民地。从此，马来群岛被英、荷两个列强瓜分，马六甲海峡以北为英国人的势力范围，以南属荷兰人。

法夸尔面临的第二大问题是财务困境。由于起初英国政府和英属东印度公司并不看好莱佛士进驻新加坡的行动，所以莱佛士没法获得来自公司或政府的资金支持。另外，他还吸取了过去马六甲海峡各港口城市强征暴敛、盛极而衰的教训，不允许法夸尔向过往船只征收港口税，从一开始就富有远见地把新加坡定位为一座自由港，来往船只可以免税自由进出。这样，在管理新加坡的前两年，法夸尔几乎是白手起家，只好开动歪脑筋，想出别的法子赚钱，维持管理。

追逐利益是商人的本能。自由港立刻让来往马六甲海峡的各国商船趋之若鹜。它们纷纷绕过荷兰人管理的港口，来到新加坡从事贸易，光第一年的贸易额就达到40万西班牙金圆(以下简称元)，第二年便超过英国经营了36年的槟榔屿。随着贸易的激增，新加坡的人口也快速增加，马来人、华人、印度人、阿拉伯人，还有各国的商人纷纷涌入。1819年1月莱佛士登陆时，岛上的人口只有千把人，两年之后便增至5000人，贸易额达到800万元，到1825年，人口突破10000，贸易额2200万元，而同年槟榔屿的贸易额只有850万元。

相比其他殖民主义者，莱佛士并不是一个唯利是图、没有道德的人，可以说，他身上闪耀着所谓的殖民主义理想的光辉，是一个追求完美却不受待见的人。他追求大英帝国的领土扩张，但更追求商业和道德的完美融合。他认为英国在东南亚的使命犹如十字军东征，旨在帮助当地人在欧洲启蒙精神、自由主义教育、繁荣经济和公正法律的感召下，摆脱荷兰人的控制，实现古老文化的复兴，因为荷兰人的治理方式和商业垄断模式“违反了所有固有的正义原则，不值得任何文明开化的国度采用”。从一开始，他就不赞成法夸尔为筹集管理经费而实施的许多政策，如给赌场发放许可证，允许买卖奴隶、鸦片和枪支，放任商人侵占政府土地，等等。为此，两人的矛盾从起初的心存芥蒂最终演变成在伦敦东印度公司董事会上的唇枪舌剑。莱佛士设法撤掉了法夸尔，挑选勤勉节约、跟随了自己 20 多年的约翰·克劳福德担任新一任驻扎官。同时他自己也亲自介入新加坡的管理，起草殖民地法规，一方面鼓励自由贸易，确保商人的经商自由，另一方面又明令禁止买卖奴隶和鸦片，禁止民众持枪，关闭赌场，对酗酒和吸食鸦片等他认为的恶行课以重税。他还实行土地登记制度，限期对新加坡的所有土地进行登记，凡无人登记之地均归殖民地政府所有，包括柔佛苏丹原来的领地。为便于城建和殖民，他成立了城市规划委员会，由规划师菲利普·杰克逊牵头，制定了最早的“新加坡规划图”（又称“杰克逊规划图”）。按照规划，他实行不同族群隔离居住的制度，马来人、印度人、阿拉伯人、华人和欧洲人都分别居住在各自的聚集区内。不过，他把位置最好的地方分给了欧洲人居住。如今，在新加坡的一些地方还保留着这些村落和区域的痕迹。他对不同宗教采取包容态度，

新加坡河畔的莱佛士雕像

允许宗教信徒建立教堂或寺庙等。他还依据英国的惯例，建立了地方行政长官制度和警察队伍。1823 年，由于他在扩张殖民地的问题上坚持己见，我行我素，屡屡违背上司的主张，他被撤去明古连副总督一职。之后，他仍捐款为新加坡兴建了第一所学校——莱佛士书院。这所学校后来为社会培养了大批精英，包括新加坡第一任总理李光耀。

就在莱佛士离开新加坡、返回英国的前几天，当地的欧洲和亚裔商人给他呈送了一篇演讲，对他大加赞赏，说他具有“开阔的视野……和卓越的运营原则，在史无前例的短时间内，就将一片海盗出没的地方改造成为欣欣向荣、安全而富足的生息之地”。在一封写给友人的信中，莱佛士本人也自我夸耀道：“我从无到有地新创造了一切——引入了一个充满活力、洁净和鼓舞人心的体系……超前了一个或两个世纪为新加坡提供了它有朝一日将需要的东西。”①

回眸历史，莱佛士的确是一个富有远见、聪明能干的“牛人”。他在新加坡待的最长时间仅短短的 8 个月，却高瞻远瞩、建章立制，成功地把一个小小的贸易站初步建成一座贸易兴隆发达、管理井井有条、人口持续增长的现代城市。可惜“牛人”人生苦短、命运多舛。工作上，他才能卓越却不受重用，还屡遭上司训斥、同事状告，最后被撤职。生活中，他半年之内痛失四个孩子中的三个，自己和妻子也身染重病，差点命丧异乡。1824 年 2 月他与家人乘船返回英格兰时，船刚驶出明古连 50 海里就着火沉没，所带家私，包括多年来的笔记、地图全部付之一炬。回到伦敦后，他没有养老金，还因任职期间“管理不善”

① 康斯坦斯·玛丽·藤布尔著，欧阳敏译：《新加坡史》，中国出版集团东方出版中心 2016 年版，第 36 页。

欠了东印度公司一屁股的债。1826 年 7 月 5 日,在他 45 周岁生日的前一天,莱佛士死于中风。死后,他的房屋被变卖,却只够偿还债务的一半,另一半则由他自己带进了坟墓。他生前反对奴隶贸易,结果连死后都无法埋进当地的教堂,因为那座教堂的牧师一家人就是靠在牙买加的奴隶买卖发了横财。

莱佛士的故事代表了西方殖民者的那段在东南亚殖民的历史,也代表着新加坡现代国家制度和商业文化中剪不去的西方文明的基因。许多年之后,在新加坡摆脱了英国的殖民统治、赢得独立之际,群情激昂的人们正准备肃清一切殖民统治的痕迹时,幸亏有人向时任新加坡首任总理的李光耀建议,否则,伫立在新加坡河畔的莱佛士雕像早被掀倒、损毁。

移民血汗换来繁荣

1824 年的英荷《伦敦协议》为英国在东南亚的殖民扩张松开了手脚，英政府随即于 1830 年将自己势力范围内的新加坡、马六甲和槟城整合成海峡殖民地，划归英属东印度公司管辖。1858 年，英国撤销东印度公司之后，其殖民地印度改由女王设立总督直接统治，海峡殖民地则受印度总督管辖，9 年后又被纳入英国殖民部直接管辖。

在成为英殖民地之后的 100 多年中，有几件大事促使新加坡及马来半岛快速发展。一是 1840 年至 1842 年的第一次鸦片战争，英国终于用大炮轰开了中国自明朝以来关闭了近 500 年的国门，来往马六甲海峡的鸦片和其他货物的贸易量剧增。二是 1869 年苏伊士运河开通，大大缩短了欧洲至远东的航程。另外，蒸汽船舶逐渐替代了传统帆船，也极大地提高了运输效率，降低了运输成本。三是 19 世纪 70 年代，天然橡胶在马来半岛种植成功，同时，这里又发现了大量锡矿。马来半岛这个英国新开辟的殖民地一跃成为世界主要的橡胶和锡的生产基地，而新加坡则成为橡胶和锡制品的重要中转站。

橡胶的种植和锡的挖掘需要大量廉价劳动力，可大英帝国于 1807 年就迫于社会和舆论的压力在全境内废除了奴隶贸易。而此时，正值中国屡屡被列强侵犯，越来越多的华人为逃避战乱、灾祸、饥荒和瘟疫，或自愿，或被迫，或被虏，纷纷离开故土，带上耕具、种子、棺材，循着祖辈曾经的足迹，漂洋过海，来到东南亚一带做苦力。① 据粗略统计，到 19 世纪中期，自欧洲人开启大航海时代之后，总共有 1000 多万华人从福建的福州、晋江、金门，广东的潮汕地区、清远，海南的琼海、文昌等地出发，来到菲律宾、马来西亚、印度尼西亚和新加坡谋生。有人曾做过这样的统计，仅在 1852 年至 1858 年 6 年间，光汕头一地就有 4 万人作为苦力下南洋。

这些被叫成“猪仔”的华工挤在一艘艘有“浮动地狱”之称的海船里，每人只有一尺之地，“日则并肩叠膝而坐，晚则交骨架足而眠”，当年在这些苦力中就流传着这样一首《南洋吟》：“正月出门到如今，衫裤着烂几下身。一心赚钱归家使，不知惹债又上身。香港行过七洲洋，风波水旺得人狂。”经过几十天艰难、颠簸的航程，侥幸活下来的人最终到达南洋各地。据《海峡殖民地档案》记载，1863 年，一艘从澳门来新加坡的帆船上，300 名被运来的劳工中，只有 120 人活了下来。②

那些活着到达新加坡的人，则被关在船舱里，等着雇主向帆船主付清船费后才被带走。孱弱和生病的人是没有雇主肯要的，只有等死。后来，为防止传染病传入，新加坡政府加强了检疫，整船整船的劳工被驱赶到圣约翰岛的海关检疫站，用硫黄水冲洗，如有人发烧，则被扔进一间隔离室，任其自生自灭。检疫合格的人被送进马来半岛上的一座座锡矿，橡胶园和甘蔗、咖啡、椰子、胡椒等种植园，长年累月在溽热、潮湿、肮脏、瘴气弥漫的环境下辛勤劳作，时

---

① 自 10 世纪唐代起就有华人赴南洋谋生。第一次大迁徙发生在黄巢起义之后，第二次在南宋灭亡之时，第三次则在欧洲人建立东南亚殖民地之际。据明代的一份民间笔记，当时下南洋的人都要带上耕具、种子和棺材，以备未卜的前途。在中国人口发展史中，“下南洋”与“闯关东”和“走西口”并称为三个人口大迁徙事件。

② 《海峡殖民地档案》V37，155。

常受蚊虫叮咬、毒蛇侵袭、老虎伤害，许多人还因病因伤命丧种植园。如今，在新加坡华人原貌馆里，就有复制的华工居住的棚户区。原貌馆运用声、光、电等现代科技手段，忠实地再现了当时华人苦力工作和生活的恶劣环境。

橡胶和锡矿为英国殖民者带来了巨额的财富，也让新加坡这座自由港繁荣起来。以 1864 年为例，当时新加坡的贸易额就达到 1295 万英镑，是 1824 年的 5 倍，占整个海峡殖民地贸易额的 70%以上，成为东南亚乃至全球最重要的转口港之一。但这繁荣之花是包括华人苦力、印度苦力和马来苦力在内的千千万万“协约劳工”用血汗浇灌出来的，也是来自中国、印度次大陆、印度尼西亚、马来半岛、中东等地的其他移民用勤劳的双手创造出来的。这些移民除了一部分沦为苦力之外，还有些人的境遇稍微好一些，从事商业、服务业和农业等职业，甚至为繁荣的港口贸易提供各种服务。新加坡市中心有一组群雕，记录的就是 100 多年前华人来到此地创业的故事。贸易的快速增长成为吸引移民的重要因素。到 1860 年，新加坡的人口总数已增至近 28 万，以华人居多，其他还有印度人、马来人、布吉人、爪哇人、阿拉伯人、亚美尼亚人和欧洲人。当年，英国旅行者戴维森在他的书中这样描写道：

“中国帆船每年都要运来六千到八千移民，百分之九十九的人除身上穿的破衫之外身无分文。那些马上找不到活干的人，为了糊口只得去偷窃。每年都有团伙铤而走险进行抢劫的事情发生。不过，这些人不会长此这样，他们会很快分散开去，在新加坡、在邦加的锡矿，或在马来半岛找到工作。……在移民当中，华人层次较高，严加管束就可以让他干很多活，而且他最善于忍受虐待。”

印度人来到新加坡则是修路，开商店，当船夫。新加坡最早的几条大道就是从孟加拉、马德拉斯、孟买等地押送来的印度犯人修建的。来自印度马拉巴尔沿岸的移民则大多当商店店员，或在港口给运货的小船当船夫。马来人大多当舢板工，驾着灵巧、轻快的舢板穿行于大型商船之间，为商船领航引路、转运货物、代办船务。这些人群居在新加坡城对面河中央的破船上，因世世代代生老病死在水上而被称为“海人”。

至于这期间新加坡的贸易盛况，戴维森也做了生动的描述。按照他的记录，每年光来自中国的大型商船就有 150 至 250 艘，吨位在 50 到 500 吨不等。这些船乘着季风于 1—3 月份抵达新加坡，满载茶叶、生丝、樟脑、棉布、陶器等货物，返回时又满载鸦片、原棉、棉纱、棉织品、藤制品、海参、胡椒、燕窝、鹿筋、鱼翅、鱼肚、锡制品等货物。

“中国商船抵达之时是华人集市最热闹的时候，也让曼彻斯特和格拉斯哥制造业的进口商们心动不已。中国商人很精明、小心，通常要把市场摸透之后才出货。……这些人大多抽鸦片，于是，跟他们做生意的同胞就刻意拿这东西好好招待，在他们抽得晕乎乎的时候占了他们好多便宜。”

到了 10 至 11 月，又有两百来艘布吉人粗制滥造的商船从印尼苏拉威西岛的望加锡港带来新的货物，如上等的咖啡、沙金、龟甲、土布、海参、鹿筋、大米等，返航时则装满鸦片、钢铁、棉纱、棉织品、金线等货物。在戴维森的笔下，这些布吉人很精明，很难缠，也很剽悍，动不动就要拔刀相向，西方商人往往耐心不足，吃不消他们，但布吉人却不是华商的对手。布吉人的商船抵达新加坡后，船主并不急着做生意，而是在市场上转悠好几天。此时，华商总是对他们热情有加地让座、递烟、谈生意，“宾客双方分分钟都在撒谎，可各自脸上丝毫没有撒谎的模样。这样奇怪的谈判也许要经历一周，之后，旁人就会发现布吉人船上的货物被运进华人的商店或仓库”[①]。另外，暹罗人、爪哇人、阿拉伯人、欧洲人也在新加坡做起大米、蔗糖、咖啡、香料、鸦片等货物的生意。

从 1873 年到 1913 年间，新加坡的转口贸易开始发生变化，由 19 世纪早期一些具有异国情调的商品改为橡胶、锡、干椰子肉、糖等大宗货物，同时也开展一些初级产品的加工，如炼锡、橡胶处理、罐头生产等。新兴的美洲罐头制造业对锡的巨大需求刺激了炼锡业的发展，冶炼业成为新加坡的第一种现代工业。欧美新兴的汽车产业对橡胶轮胎的需求又使橡胶种植兴盛起来。从 1905 年到 1914 年，马来亚出口的橡胶从 104 吨飙升到 19.6 万吨，其中大多数是从新加坡转运出去的。

然而，繁荣的贸易却并没有给新加坡社会和民生带来显著改善，与莱佛士所憧憬的“商业和道德的完美融合”“公正法律”“古老文化的复兴”相去甚远。在东印度公司和印度总督管辖期间，甚至在新加坡成为英国王室直辖殖民地之后，派驻的管理者仍然人手不足、缺少经费、效率低下，不懂当地语言，也不了解民情。比如 1830 年至 1867 年间，新加坡的人口增加了 4 倍，但政府管理的人员规模却没有增加。在 1850 年，近 6 万人的城市只有 12 名警察。新加坡作为自由港，针对贸易的任何税收都难以得到商人们的认可，因此，政府只好本着“税收更多的是向人们的恶行征收，而不是从人们的勤勉中获得”的理念，把鸦片、烈酒、赌场、妓院的包税权出让给有钱人和帮会，作为政府财政收入的主要来源，这更加剧了新加坡社会的混乱无序和贫富悬殊。鸦片成瘾、黑帮械斗、卖淫赌博，以及贫困和疾病，成为当时的主要社会问题。据 1848 年的统计，当时新加坡

---

① G. F. Davidson, *Trade and Travel in the Far East; Or Recollections of Twenty-one Years Passed in Java, Singapore, Australia and China*, London: Madden and Malcolm, 1846.

总人口的20%、华人人口的一大半都吸食鸦片成瘾。各种黑帮组织则常常因为苦力贩运贸易、包税权、保护费等大打出手，制造血案。大量劳工的涌入还导致新加坡社会男女比例的严重失调，最高时达到近100∶1。当局虽于1870年建立了“保良局”，旨在为被迫卖淫的女性提供庇护，但还是通过实施《传染病法令》，对妓院和妓女进行注册登记，使卖淫合法化。赌博泛滥成灾，警察则定期向赌场收取保护费，政府的禁赌法令成为一纸空文。有一年，甚至还有嚣张的赌徒闯入华民护卫司署，把主张禁赌的一位英国官员砍成重伤。

1840年以前的新加坡根本没有医院，只有少数几家为富人开设的私人诊所，政府无法为民众提供公共卫生服务。霍乱、天花和其他传染病流行，尤其是在劳工集居的地区，经常暴发传染病。1844年，华侨陈笃生捐献7000银圆修建了一座贫民医院，住进来的穷人大多沉疴已久，病入膏肓，有的人因坏疽而手脚脱落，因此死亡率极高，导致许多人不敢来就医。“除了被警察强迫带进来的人之外，还能爬、能乞讨的人都不愿住进来。”①

贫富悬殊是当时新加坡典型的社会特征。欧洲人和其他富人住在海边或郊区宽敞的豪宅里，“屋前屋后有游廊，从早上10点到下午4点威尼斯风格的帘子垂下来，遮挡阳光，使整个房子非常凉爽”。他们面对的主要问题是暴饮暴食带来的健康问题，因此许多人习惯成天穿上宽大的休闲服，加大运动量，清晨散步，傍晚骑车或驾船出游。1861年8月17日的《海峡时报》就有这样一段描述：“我们是东方最健康的一群人，这大部分要归功于我们的日程安排和对户外运动的热爱。”而大批移民却挤在被划定的各自的族群居住地，或守着小本生意惨淡经

① 《海峡殖民地档案》S25，Item I 52。

营，或守着小块土地辛勤耕作，但最终大多难逃衣不蔽体、食不果腹的命运。19 世纪 70 年代，一位旅居新加坡的英国人在日记中写道："大约在大清早 4 点半钟，皎洁的月光还在照耀着，当我沿路行走时，我很惊奇地看到，一个华人在路边，在他那一小块马铃薯地里，用锹子猛力地挖着。不久又看到一个华人凭着月光用锹子翻土做垄。"可见，在当时的新加坡，平民百姓要糊口、要生存，是何等艰辛！

新加坡市中心展示华人创业故事的群雕像

从 1819 年殖民地初建，到 1914 年"一战"前夕，经过近百年的建设，新加坡从当初并不被人看好的殖民地"弃儿"，发展成东西方主要贸易路线上重要的货物集散地、马来半岛与荷属东印度群岛之间贸易交换的中介，以及大英帝国在远东地区最重要的商贸港。这当中固然有莱佛士、法夸尔、克劳福德和殖民地各个时期总督们的苦心经营，但更有华人、马来人、布吉人、印度人、阿拉伯人、犹太人等几代移民付出的血汗乃至生命。正如一位年轻的美国学者所说："殖民地的政府由一小群圈内人操控着，他们生活得奢侈而舒适，远离正折磨着大部分民众的贫穷之苦……这是一个由富人和权贵所掌握，并为他们服务的政府，它略去不顾的边角地方，魔鬼横行无忌——这样说并不为过。"①

---

① R. Emerson, *Malaysia: A Study in Direct and Indirect Rule*, New York, 1937; reprinted Kuala Lumpur, 1964, p. 306.

等待伸张的正义

在19世纪末至20世纪初的世界版图上，新加坡这个“赤道上的小红点”因其不可替代的战略地位，再一次成为新老殖民列强兵家必争的要冲，时任英国首相的温斯顿·丘吉尔(1874—1965)称之为“东方的直布罗陀”。为保护这一重要的远东殖民地，1921年大英帝国防卫委员会在排除了香港、悉尼、锡兰等选项后，建议在新加坡建立大型海军基地。英政府随即斥5亿英镑巨资兴建了著名的海上堡垒——樟宜海军基地和周边机场，并实施所谓“新加坡大舰队”策略，配备充足的陆空防卫，确保在发生外部入侵时能坚守70天的“救援前时期”，等待大批皇家海军舰船驰援。

可历史给了大英帝国一个莫大的讽刺。这座耗费殖民地民众血汗、固若金汤的军事堡垒，被誉为“更新更大更棒的直布罗陀要塞、世界各地海陆军和战略力量结合部署中最令人生畏的无敌组合之一”，其结局应验了一位英国将军早在1924年就曾表达过的担忧：“我们(在新加坡)建起一个中转站，并按照我们的需要在那里屯兵，结果却将它作为礼物送给了错误的对象。”①

1940年，日本在中国战场上陷入泥潭，又遭到美国经济制裁，阻止其获得战争急需的武器、钢铁、石油和其他重要的战略

---

① General Sir Ian Hamilton, *The Times*, London, 24 March 1924.

物资。于是，要么让侵华行动半途而废，要么亲自占领主要战争物资供应地的东南亚。日本选择了后者，于同年 9 月出兵占领了印度支那北部；次年又迫使法国维希政权为其提供印度支那南部距新加坡仅 750 英里的海军基地，以及离马来亚半岛北部仅 300 英里的机场；同时紧锣密鼓地开展间谍活动，勘察地形，收集情报，为即将到来的丛林战做周密准备。

面对日本的磨刀霍霍，英国政府和殖民地当局的反应却幼稚可笑。“二战”伊始，伦敦方面认为，日本因担心苏联攻占其本土，不会在马来亚开辟新战线。因此，英国把马来亚的角色定位为“钱仓”，只需开足马力为英国在欧洲的战争生产足够的战略物资，防务则没那么重要。此时抵达新加坡担任远东地区陆空军总司令的罗伯特·布鲁克-波帕姆空军上将也向英国内阁发去乐观的报告，称：“在这个时候，日本最不可能想做的事情就是发动一场针对亚洲南部的战争。”丘吉尔后来也承认：“在我看来，与我们当时面临的其他紧迫状况相比，（马来亚所受到的）来自日本的全部威胁只能算是一缕不详的微光。”①

殖民地当局的盲目乐观致使人们对即将降临的厄运浑然不知。面对战事正酣的欧洲，新加坡犹如一座舒适而富足的小小天堂，被虚妄和自满的情绪所笼罩，人们轻松惬意、无忧无虑。《马来亚论坛报》于 1941 年 10 月称：“马来亚现在正处在半梦半醒之间那种昏昏沉沉的状态中，可以说，我们这些身在马来亚的人都还懵懂地躺在床上。”当局担心会引发恐慌和骚乱，于是刻意封锁有关战争的消息，不让民众察觉到战争来临的任何迹象。他们还思虑，当危险来临时，当地的民众会不会

---

① W. Churchill, *The Grand Alliance*, III, Penguin Books Ltd. 2008, p. 522.

愿意为一个外来政权而受苦和牺牲。由于害怕惹怒日本人,引火烧身,他们甚至还逮捕了支持和同情共产党抗日的华人。

1941年12月8日清晨,新加坡人的酣梦被日本战机投下的炸弹打破。被轰炸的目标是盟军的两个机场和新加坡市中心的莱佛士坊。10日,盟军的两艘主力战舰被炸沉,英国东方舰队总司令菲利普斯海军上将也被炸死。日军在"马来亚之虎"山下奉文中将的指挥下,使用自行车和坦克,以小股队伍轻装行进,突破盟军设在"不可突破"的马来半岛丛林和橡胶林中的层层防线,长驱直入。18日,槟榔屿陷落;次年1月11日,吉隆坡陷落;27日,从马来半岛一路溃败的3万盟军退守新加坡。连接新加坡和马来半岛的新柔长堤被炸出一个大缺口,以阻止日军沿着长堤追上岛来。

此时的新加坡已成了一座名副其实的孤岛。南部海岸布满了地雷,筑有碉堡、反坦克障碍和铁丝网,可派不上用场。北部海岸面对南下日军的正面攻击,却防卫空虚。樟宜基地的海岸炮组只能向着南面对海发射,附近的机场也被炸得稀烂,盟军完全丧失了制空、制海权。不过,加上撤退至岛上的残余部队,守卫新加坡的陆军仍有8万之众,而山下奉文的日军却只有其一半的人数。岛上石油、弹药、淡水充足,储备的食物也可支撑6个月,完全能坚持到援军到达。正因为如此,丘吉尔于2月10日致电远东地区最高司令官韦弗尔,命令他"绝对不能考虑保存军队或疏散民众。……必须不惜一切代价苦撑到底……毫不留情地对待任何软弱逃避的行为……这牵涉到我们国家和我们民族的全部名誉"。①

---

① W. Churchill, *Second World War*, IV(London, 1951), pp. 87—88.

可惜的是,新加坡殖民地当局和军队指挥官却意志软弱,犹豫不决,在危急时刻相互指责、争吵不休,无法形成坚强的领导核心。正如后来的一位历史学家评论说,这个“由享有特权的平庸之辈掌管的19世纪的陈旧体系”怎能“应对一场20世纪的危机”?此时的新加坡就像“一艘没有舵的船”。总督托马斯仍盲目相信新加坡守得住,因此他只关心这块殖民地在他的治理下是否井井有条,反对实施焦土政策。驻新加坡英军总司令白思华中将擅长纸上谈兵,在实战决策时却退缩迟疑。有人说,4年前他曾预言日军会进攻马来亚。如今,眼看日军以他设想的相同路线和兵力一路南下横扫马来半岛,他这是在接受自己预言的败局已定的宿命。盟军澳大利亚师的指挥官贝纳特少将则私下致电澳大利亚总理,声称如果日军攻入城内,他将投降,以避免无谓的人员牺牲。

丘吉尔发出“战斗到底”的命令没过24小时,英军最大的弹药仓库和水源地克兰芝被日军攻克。2月14日,日军占领亚历山大军医院,枪杀了320名伤兵和医护人员,试图制造“屠城效应”,以逼迫被围英军投降。这一招果然奏效。15日,星期天,白思华亲自率部向山下奉文投降。其实,此时的日军也快到弹尽粮绝、支撑不下去的境地了。山下奉文原以为白思华会抵抗到底,将他这支人数不多的疲劳之师拖入旷日持久的巷战中。因此,在听到白思华投降的请求后,满腹狐疑的山下奉文仍以为这是英国人的缓兵之计,一遍遍使劲敲打着桌子,质问白思华是否真的要投降,弄得听不懂日语的白思华还以为这个日本人是在羞辱他。

从2月8日日军发起进攻,到15日盟军宣布投降,新加坡仅仅支撑了7天而不是70天就沦陷了。用丘吉尔的话说,这是“英国历史上最大的一次灾难,最大规模的一次投降”。澳大利亚皇家工程兵部队的军士阿历克·霍奇森在2月16日的日记中这样写道:“投降,并且在我狭窄的视野看来是一次耻辱的投降。很明显,而且我强烈地感受到这种耻辱。甚至当我正在努力集结部属抗击敌军时,昨晚7:30停火就已经开始了,而我们直到大约10:30才得知,可能我们是最后知道的部队了……真是令人作呕,丢脸。从未见到一个日军,从未发出一枪一弹,而且有成千上万像我们一样的人。”①

与殖民地当局窝囊的表现形成鲜明反差的是新加坡的民众,尤其是亚裔人群。尽管当局很晚才发出战争动员,但立刻得到民众的踊跃响应,8000多人当即参加了志愿军。华侨领袖陈嘉庚领导成立了新加坡华侨抗敌动员总会,还建立了一支志愿警察队伍和劳工队伍。成千上万的华人涌向街头,高唱中国的抗战歌曲,高举“给我们武器,我们要战斗”的标语,组建起了“星华义勇军”(亦称“达利军”②)。这支由学生、文员、工人、人力车夫、舞厅女招待临时组建的队伍尽管武器简陋,但面对惨烈的战争仍斗志昂扬,不畏牺牲,许多人甚至在盟军宣布投降之后,仍拒绝放下武器,誓死与城市共存亡,直到流尽最后一滴血。有历史学家这样写道:“达利军和华人非正规军的英雄主义是那么鼓舞人心,马来人兵团和海峡殖民地志愿军团中的亚裔士兵们战斗起来是那么不屈不挠,起辅助作用的平民志愿劳工是那么具有奉献精神,而这里的普通民众在面对危险和死亡

---

① Sergeant Alec Hodgson, 2/6 Field Park Company, Royal Australian Engineers, diary entry for 16 February 1942, Australian War Memorial, PR91/141.

② 这支部队有1200多人。司令部设在南洋华侨师范学校,司令官由英国人达利上校担任,故又称“达利军”;副司令由胡铁君担任,领少校军衔。义勇军一律穿蓝色制服,右臂佩戴三角红布标志,头缠黄色布,使用的都是19世纪的旧式枪。

时又是那么地具有大无畏气概，这些都让英国在马来亚的统治阶层大为震惊。……在马来亚战役这一阕悲壮的军事史诗中，大多数角色都是外来人，当地民众直到故事落幕，也只是扮演着旁观者和受害者的角色，但在此后的新加坡决战中，新加坡民众却充分显示了自己的铮铮铁骨。”①

2 月 15 日，中国的新年，晚上 8 点 30 分，新加坡城里的枪声彻底停息了，死寂中透着几分恐怖的怪诞。而此时，山下奉文正策划着一场针对华人族群的疯狂报复。

早在“一战”以后，受中国国内民族主义和各种革命思潮的影响，新加坡华人对日本不断蚕食、侵吞母国中国的领土的行为表示强烈愤慨，反日情绪日益增长。1908 年至 1923 年期间，新加坡华商群体就组织了多次示威活动，抵制日货，声援祖国，连一贫如洗的人力车夫也拒绝拉日本乘客。特别是 1937 年抗日战争全面爆发之后，新加坡华人更是群情激愤，大规模抵制日货，仅 1938 年，对日货的抵制就造成日本与马来亚的贸易额骤降近 70%。华侨族群还成立了新加坡华侨筹赈祖国难民总会、劳工阶级抗敌后援会、中华民族解放先锋队、南洋华侨筹赈总会等组织，为祖国的抗日战争积极募捐。据统计，从 1938 年 10 月南洋华侨筹赈总会成立到 1941 年 12 月，南洋各地华人华侨每月平均捐输抗战的款额达国币② 734 万元。此外，南侨总会还招募 3000 多人组成南洋华侨机工回国服务团，在被誉为“抗战输血管”的滇缅公路上负责运输、修车，许多人献出了宝贵生命。在新加坡保卫战中，华人华侨更是勇猛无畏，“星华义

---

① 康斯坦斯·玛丽·藤布尔著，欧阳敏译：《新加坡史》，中国出版集团东方出版中心 2016 年版，第 249 页。

② 指当时中华民国的货币。抗战期间人们称国统区的货币为国币，如独幕喜剧《三块钱国币》。

勇军”在柔佛海峡阻止日军登陆，在巴西班让、武吉知马、裕廊等地与日军展开血战，他们的抵抗是日军遭遇的最顽强、最悲壮的抵抗。即使在他们的英籍司令官达利上校宣布解散部队、放弃抵抗之后，许多人仍坚持战斗。

日军的报复真是迫不及待。在山下奉文看来，要不是有华人华侨的支持，日本早就解决中国问题了。因此，新加坡华人华侨成了他的眼中钉，欲除之而后快。2 月 17 日，就在日军占领新加坡的第 3 天，他便下令：“将潜伏着的持敌对态度的华侨连根铲除，以绝我军作战之后顾之忧。”于是，一场有预谋、有组织、历时近半月的针对华人华侨的大屠杀开始了。

19 日，日军以“检证”为名，命令所有华人华侨不分男女老幼自带干粮按区域在 7 个场所集中，由蒙面的原英国警察、印度警察和马来亚共产党变节分子一一指认，凡属下列 9 种情况的，一律当场逮捕，押送至秘密地点处决：①曾在南洋华侨筹赈会中积极活动者；②曾慷慨捐输筹赈会的富裕者；③南洋华侨领袖陈嘉庚的追随者；④海南人（日本人认为海南人都是共产党分子）；⑤中日战争之后来到马来亚的在中国出生的华人（他们被认为是或参加过抗战，或为逃避日军征用而逃离中国的人）；⑥有文身的男性（在日本人眼里，有文身的男子都是私会党徒）；⑦以义勇军身份帮助过英军抵抗日军者；⑧公务员以及可能的亲英人士；⑨拥有武器并试图扰乱治安者。成千上万的华人华侨被羁留在各检证站长达一星期，他们站在露天的空地上，或挤在闷热的房屋内，没有食物和水，还常常遭到日本宪兵的殴打。头几天就有上百人被闷死或挤死。

可要在几天之内从几十万华人华侨中甄别出抗日分子谈何容易。由于时间仓促，日军根本来不及制订详细的甄别计划和程序，整个检证过程完全由临时组建的宪兵队随心所欲、滥抓无辜。

有的以貌取人，凡戴眼镜的就抓；有的只盘问职业，凡教书的就扣；有的专挑有钱人；有的甚至抽签抓阄。不幸被“检证”出来的人，不容分说立刻被押上卡车，拉到郊外或海边集中处死。后来为节省子弹，日军干脆把人捆绑在一起，成堆成群地推进海里淹死。但即便这样，当这场“大肃清”的策划者之一、日军作战处主任参谋辻政信巡视惹兰勿刹的检证工作时，他发现负责该地区的日军分队只甄别出 70 人，凶狠地向分队的指挥官训斥道：“你还在磨蹭什么？我是要全新加坡一半人(的命)！”于是，惹兰勿刹的日军又一口气胡乱抓了几千人，塞满几十辆卡车运到樟宜海滩，把那儿变成了又一处血腥的屠场。

1947 年 4 月《新加坡大“肃清”案战犯审讯记》曾这样记述：“芽笼区则为日军施虐最残酷惨毒之地区也。华侨居民不问男女老幼，均被驱步行往直落占老之英校草场，忍饥耐渴，曝日露宿。凡二日，妇孺乃得释回。男子蹲踞草场，任曝骄阳，稍一动弹，拳足交加，甚或驱上罗厘(货车)，每车三五十人不等，一去不返。及至 22 日，凡经检出之教员及识字者、公务人员、义勇军、南来不及五年者、有五万以上资产者及海南人等，均被载往锡叻七里半处屠杀，为数之众，为各区之冠。”据战后调查，日军在新加坡集中屠杀华人华侨的地点多达几十处，榜鹅海滩、旧樟宜海滩、圣淘沙海滩、东海岸靠近码头的地方都是当时的屠杀场地，并有大量遗骸陆续被发掘出来。

然而，在这腥风血雨的半月中到底有多少华人华侨罹难，至今却仍无法确定。远东军事法庭的判决书上只记录 5000 人，依据的是当时的“昭南市”①警备司令官河村三郎的自供。而新加坡华人方面认为遇害者有 10 万之多！1945 年 9 月 11 日，《星洲

---

① 日本占领新加坡后改的城市名，意指昭和天皇在南洋获得的领土。

日报・总汇报》引用日本占领马来亚时期出版的《昭南时报》上的数字，说“新加坡检举不良分子 7 万余人”。柔佛州苏丹医生班德拉博士在递交给远东军事法庭的书面证词中断言：“我相信，在新加坡除去军人外，有 15 万以上的亚洲人被日本警察秘密处死或拷打致死。”但日本战犯为掩盖罪行，却极力压低屠杀人数，河村三郎只承认他负责的那个区域有四五千人，而其他 5 位被告要么说不知道，要么矢口否认曾参加过大屠杀。

朝日新聞 夕刊

新嘉坡に屍山血河の大殲滅戰

各方面空陸相呼應し
開戰來の大激戰展開
敵を貯水池周邊に壓縮

シンガポール島要圖

敵、降伏勸告に應ぜず
皇軍、市内總攻擊開始

新嘉坡市民に告ぐ
安全地域で入城待て
皇軍救ひの手伸びん
山下最高指揮官布告
英軍への勸告文

今後の東亞建設構想
首相中外に闡明せん

敵船廿五隻猛爆

日本占领新加坡当日的《朝日新闻》

可惜的是，由于许多人是"全家遭难或被难者原属单身，或大人遇难只余童稚，均无从填报，或认为无甚用处，不欲填报"，兼之能出庭做证的幸存者寥寥无几，新加坡大屠杀成了一桩历史悬案，实际遇害人数要比统计的数目大得多。然而，在马尼拉军事法庭和远东国际军事法庭相关战犯的罪行清单上，却没有提及发生在新加坡的这场人间浩劫。对于那些惨死在日本法西斯屠刀下的几万名新加坡冤魂，对于那些至今仍苦苦等待，以为自己的亲人只是被遣送到哪里服劳役，终有一天会回归家乡的无数家庭来说，这份正义仍然没有，也许永远无法得到伸张。

十年动荡

从1945年日本投降到1955年新加坡首次议会选举的这十年，是动荡、阵痛的十年。对大英帝国来说，这是它在马来亚殖民统治的公信度和合理性日渐衰微的十年，而对新加坡人来说，这是他们的民族意识和独立意识逐渐觉醒、日益成熟的十年。

英国人重返马来亚，其实并没有想要重新施行旧日的统治方式。从对日作战的惨败中，从殖民地当地民众对其统治的冷漠旁观中，他们已经意识到，一个由保守的总督和落伍的贵族顾问团组成的陈旧体系已经不合时宜了，需要引入某种政治变革，以解决当地民众与殖民地当局离心离德的问题。然而，令殖民统治者意想不到的是，他们的这一尝试虽然让马来亚发生了翻天覆地的变化，但也不幸地打开了这一地区最为古老的族群冲突的“潘多拉魔盒”①。

鉴于新加坡具有大英帝国战略要地的重要价值，英国政府是不肯轻易放弃对它的掌控的。因此，在其提出的政治变革方案中，新加坡与马来半岛实行分治，同意在半岛上建立马来亚

---

① 希腊神话中主神宙斯送给人类的礼物。为惩罚普罗米修斯盗火种给人类，宙斯让火神赫菲斯托斯用黏土做出世上第一个女人，并让众神赋予她美丽、好奇、无知、谎言，还给了她一个魔盒，里面装有贪婪、虚伪、诽谤、痛苦、嫉妒等所有邪恶，让她到人间后打开盒子散布出去。从此，人世间就有了这些恶行。

联合邦，并制定新宪法，逐步实现“马人治马”的自治目标，而新加坡则仍作为英国直辖殖民地，由总督管理。而正是这个“分而治之”的政策，造成了华人和马来人两个族群的长期对立，这成为两大族群矛盾和冲突的祸根。

不过，英国殖民地当局在对日本作战时的窝囊表现已经让他们的统治权威失去了神圣的光环。新加坡人的民族自决和反殖民主义的热情日益高涨。迫于压力，当局不得不在新加坡启动政治改革，在立法和行政机构中逐步增加本地人士的席位，同意新加坡人通过结党参选或独立参选。

战后的新加坡百废待兴，但重建和恢复工作却进展迟缓。物资严重短缺，通货急剧膨胀，失业率高居不下，社会极度混乱，秘密会党死灰复燃，大规模械斗频频发生，族群关系日益恶化。一些基本生存需要的物资价格飙升至战前的十倍，食物缺乏的困境迟迟得不到缓解。1945 年，大米配给削减到每人每周 3 卡提(相当于 600 克)。两年之后，甚至降到 1.5 卡提，竟与日据时期的最低值相等。物资短缺导致黑市猖獗，投机倒把盛行。城市基础设施满目疮痍，残破肮脏，市区人满为患，流离失所的人们只得私搭棚屋，居住环境和卫生条件极差，疾病肆虐，而医院又设施简陋，缺医少药。据统计，1945 年，新加坡的死亡率是“二战”前的两倍。社会秩序迟迟难以恢复，从日本统治者手里接管来的警察队伍“是群制服不整、装备不足、毫无纪律性的乌合之众”，这些人“出于生活所迫随时准备贪污腐败，而且胆大妄为、不受管束”。[①] 黑帮党徒及各种流氓借机浑水摸鱼，械斗谋杀愈演愈烈，治安状况每况愈下。战前相对平和的族群

---

① Colonial Office, *British Dependences in the Far East*, 1945—1949, Cmd. 7709(London, May 1949), p. 161.

关系，尤其是马来人与华人的关系，因争夺生存利益而愈加紧张。① 但面对这一切，作为解放者，主持新加坡重建的英国军政府却反应迟钝，效率低下，处置失当，有些基层官僚甚至与黑帮流氓同流合污，参与黑市勾当，贪污腐败，中饱私囊。新加坡人干脆把军政府的三个缩写字母“BMA”（British Military Administration）讥讽为“黑市政府”（Black Market Administration）。英国官方史书这样记载：“虽然各种宣传把盟军‘解放者’与敌军‘侵占者’两相区分，但对于被‘解放’的人们来说，这两者的界限没有那么分明。”②

生活的困苦和社会的不公，加上统治阶层的低效无能，导致民众普遍不满。各种罢工、罢市、罢课和游行集会此起彼伏，劳工运动蓬勃兴起，各种工会、政党也应运而生。1945 年 10 月，新加坡总工会就成功组织了“二战”结束后的第一场罢工，有 7000 名码头工人参加，要求增加工资。次年 1 月，总工会又组织了一场 17.3 万劳工参加的为期两天的大罢工，抗议军政府监禁工会总书记孙广。劳工们在罢工中不仅提出了改善生活的经济要求，还提出了废除殖民制度、结束殖民统治的政治诉求。这一时期，马来亚共产党相当活跃。新加坡解放之初，由该党主导的马来亚抗日人民军是人们心目中的抗日爱国英雄，在民众尤其是华人的心中享有极高的声誉。因此，在劳工运动中，特别是在华人当中，共产党与左翼势力有很强的动员力，也逐渐成为英国殖民地当局所忌惮的力量。

---

① 日据期间，原本在城里生活的华人不堪日军的迫害，纷纷逃往乡下谋生，而马来人大多居住在乡下。华人的涌入占去了他们的土地，造成两族的矛盾日益尖锐。

② F. S. V. Donnison, *British Military Administration in the Far East*, 1943—1946(London, 1956).

为削弱和抵消共产党与左翼势力的影响,英国人在马来半岛扶植起右翼的马来自治政府,实行长达 12 年的紧急状态管控,把马来亚共产党赶入丛林,并通过在丛林周边建立“新村”,把曾经援助马共游击队的华人强制集中,切断他们与游击队的联系,逐步蚕食游击队的生存空间,迫使其放下武器。在新加坡,殖民地当局一方面宣布实施军管,于 1948 年颁布紧急状态条例,禁止集会、结社、罢工,宣布马来亚共产党为非法组织,逮捕激进党派领导人;另一方面又被迫加快政治改革进程,于 1946 年 1 月 22 日公布《马来亚和新加坡——关于未来宪法的声明》的白皮书,决定在新加坡成立立法议会和行政议会,实施有限的自治。

英国殖民当局给予新加坡的“自治”就像挤牙膏一样,一开始的确很“有限”。1946 年,时任新加坡总督的富兰克林 · 金森在一个没有决策权、只有建议权的机构——咨政委员会中任命了 6 位当地民间人士,后来才增至 11 位。1948 年,当局依据新颁布的立法议会选举法令,从 22 个议员名额中,仅拿出 6 个名额进行民选,其余 16 个名额全给了官方议员、委任议员和商会代表。在 1951 年的第二届立法议会选举中,民选议员才增至 9 位。由于民选议员比例太小,所能发挥的作用自然非常有限,难怪当时有律师抱怨说:“立法议会无代表性,它由少数英国官僚操纵,只是一个虚设的机构,民选议员根本没有权力。”①在行政管理方面,在 1949 年的第一次市政委员会选举中,仍有 9 名议员必须由总督委任,其余 18 名由各选区选举产生,同时,总督仍保留原有的否决权,以及在货币、金融、贸易税、条约签订、

① 语出民主联盟主席何亚廉,引自 1948 年 2 月 19 日的《南洋商报》。

国防、族群和宗教事务方面的特权。1955年由英国女王正式批准的《林德宪法》虽然进一步扩大了民选议员的比例，增加了行政议会和立法议会的职权，但仍规定，在“民选政府”中，政务部、司法部、财政部部长职务必须由英国人担任。原行政会议改成部长会议，作为政府的最高决策机构。部长会议由6位民选部长和6位官方议员共同组成，总督兼任主席，首席部长由议会中拥有多数席位的政党领袖担任。另外，总督还具有一般的立法和行政权力，对防务、外交及内部治安等负有特殊职责。可见，新加坡的行政主导权依然牢牢掌握在英国人的手中。

1955年4月2日，新加坡民众迎来了殖民地的第三次大选，这也是新加坡迈向更大自治的一次大选。根据《林德宪法》规定，立法议会可选出25名议员，由胜选人数多的政党组阁执政。在这次选举中，民众改变了以前对政治冷漠、观望的态度，踊跃参与其中，有16多万人参加了投票，占选民总数的53%。各政党竞争也相当激烈，竞选宣传声势浩大。选举结果极具戏剧性：选前夺魁呼声最高、获胜信心最足的两个右翼政党——民主党和进步党，遭遇惨败，而由英籍犹太人马绍尔律师和华裔政治家林有福等人发起的劳工阵线竟赢得10个席位，成为议会中的第一大党，并获得了与另外政党组成联合政府的权力。由李光耀等人领导的人民行动党也初试锋芒，赢得3个席位。

劳工阵线的获胜让英国当局既意外又震惊。他们根本就看不明白这个左翼政党获胜背后所代表的严峻现实，也不知道它对新加坡未来的几年将意味着什么。在1948年第一届和1951年第二届立法议会的选举时，民众对选举一直是漠不关心，有选举权的仅占总人口的2.2%和4.5%。但到了1955年第三次立法议会选举时，选民的总体特征却发生了巨变。近四分之一人口成为登记选民，而且大都是属于劳工阶层的华人。他们已经厌倦了由商人和受英语教育的专业人士组成的进步党所推行的亲殖民政权的保守政策，而更拥护左翼政党提出的实现自治、争取独立、扩大公民权、多语言教育、取消紧急状态条例等激进主张。这样的民意是英国当局所未料到的。

获胜的马绍尔要同内心有一百个不情愿的英国总督共事，其别扭劲可想而知。按照《林德宪法》的制度设计，总督必须咨询首席部长的意见，但没有说必须遵照首席部长的意见。因此，在许多行政管理事务中，总督根本不听马绍尔的建议，依旧独断专行，我行我素，完全把首席部长当摆设，甚至在刚开始的一段时间里，连一间办公室都不给他安排。直到马绍尔扬言要在秘书处门前的大树下摆上自己的办公桌，总督这才让人在市政厅的楼梯底下为其放置了一张办公桌。不过，任性的马绍尔也不甘示弱，不断地向殖民地当局索要更多的权力，以兑现自己竞选时的承诺。他处处与总督对着干，总督希望他兼任工商部长，他却认为首席部长不能兼职，并另外创立了一个工商部。总督喜欢用红墨水签署文件，他就使用绿墨水签署，以示差别，总督不同意他对 4 位副部长的任命，他就以辞职相逼，质问当局：新加坡“到底是由总督治理，还是由我们治理”？

英国殖民当局原以为通过宪制改革、建立民选政府，就可以平息风起云涌的学潮和劳工运动，但结果却事与愿违。从 1955 年 4 月至 12 月，新加坡爆发了 260 起罢工事件，政局出现恶化的趋势。不论是执政党还是在野党，对《林德宪法》都有意见。马绍尔觉得，这部宪法只是麻醉当地民族主义者的小恩小惠，但作为执政者，又不得不执行它，简直就是个“鸡肋”。李光耀也认为，这部宪法“实质上仍是殖民主义的产物”。“按照《林德宪法》组成一届政府,就好比让我们把双手绑在身后做事。”①人民行动党内的极左派甚至要准备抵制竞选,直接采取其他行动。选举结束后,他们甚至无视宪政框架内的途径,选择更具破坏力的手段,发动学生和劳工罢课、罢工,有的还演变成暴力活动。而新政府对这些罢工和暴动却表示同情,觉得学生和劳工提出的争取自治和独立的诉求是合理的。对于总督提出的动用军队恢复秩序的建议,马绍尔也置之不理,认为这一切的根源在于实施了“血腥的”紧急状态条例。但当总督提出让马绍尔先废止条例,然后再由总督来做恶人将其恢复,这样既能让他实现竞选时的承诺,又不至于没有条例而使治安状况进一步恶化,但马绍尔不买总督的人情,认为这样做太虚伪,是政治欺骗。后来,他干脆在议会中提出完全自治的动议,并于 1956 年 3 月 12 日至 18 日,发起了“独立周”签名运动,有近 17 万人签名支持独立。

马绍尔执政还不到一年,英国当局就觉得头痛不已。他们等不及本届立法议会到期以结束其任期,决定提前举行宪政架构的谈判。1956 年 4 月 23 日,马绍尔率各政党代表一行 13 人赴伦敦谈判。出发前,他提出谈判的要点:一、争取在英联邦内独立,拥有完全立法的自主权;二、取消立法议会中的官方议员,中止总督的否决权。他公开表示,此行若争取不到独立,他就引咎辞职。

可这一次,任性的是英国殖民当局。从 4 月 24 日到 5 月 25 日,足足一个月的时间,马绍尔一行在伦敦与殖民当局进行了 13 场漫长艰苦的谈判,但英国殖民部犹如一块坚冰,没有丝毫消融的迹象。时任英国殖民大臣波尔冷静而坚定的语气让

---

① People's Action Party, *The Tasks Ahead* (Singapore, 1959), p. 6.

马绍尔更痛切地感受到了宗主国的僵化与傲慢:"马绍尔寻求主权完全独立,已偏离新加坡只争取自治的立场。女王陛下的政府事先不曾受征询,也没有同意从这个新起点展开讨论。"① 双方的谈判最终破裂。5 月 26 日,壮志未酬的马绍尔铩羽而归,7 月便果真宣布辞职。

马绍尔的首席部长一职由他的竞选搭档、原劳工部长林有福接替。与冲动、急躁的马绍尔相比,林有福更世故,更务实。从前任反英的遭遇中,他深知首席部长一职必须得到英国总督的支持才能有所作为。于是,他认真执行总督的各项政策,积极配合白人警察镇压反殖民运动,逮捕共产主义者和所谓"颠覆分子",这些都讨得了英殖民当局的欢心。1957 年 4 月,林有福率团再次前往英国,重启新加坡自治的谈判。由于这一次新加坡方面提出只争取自治邦地位,再加上林有福在谈判中柔韧圆滑、谦逊友好,谈判取得成功。双方达成了《关于新加坡自治谈判的报告书》,确定以下要点:一、立法议会全部实行民选,取消当然议员及总督委任议员,英政府对新加坡所有法律议案不再保留否决权;二、首席部长改成内阁总理,替代总督出任部长会议主席,内阁成员全由民选部长组成;三、设立一个内部安全委员会,负责新加坡内部安全问题;四、设国家元首一职,由马来人担任,拥有任免总理、解散国会、批准法律等权力,但不参与政治活动;五、国防外交暂由英国代管;六、新加坡最高法院院长及法官均由国家元首任免;七、新加坡拥有自己的公民权;等等。1958 年 8 月 1 日,《新加坡自治邦法案》得到了英国上下议院一致通过,并得到了女王的批准。

---

① 李光耀:《风雨独立路——李光耀回忆录(1923—1965)》,外文出版社、新加坡联合早报 1998 年版,第 271 页。

从马绍尔的失败和林有福的成功中，不难看清，在新加坡的政治格局中，一方面，殖民政治势力是其真正的权力中心，总督随时可以通过宪法权力架空民选政府；另一方面，华人政治势力也足以左右选情，影响政治局势的走向。新加坡未来成功的政治家应当认识到，要想坐稳执政的位子，既要有英国人的支持，也要有华人的支持，两者缺一不可。被西方政治势力认同是先决条件，得到华人的拥护是执政基础，这就是新加坡未来政治发展的先天环境。

以李光耀为首的人民行动党从成立之初就很好地适应了这一先天环境。这个由留英学生群体初建的政党从一开始就植根于新加坡最大的族群——华人及普通民众当中。首先，李光耀清楚地看到，民众手中的选票是确保他的政党成功上位的前提，而在民众当中最富有影响力和号召力的是马来亚共产党。但是，由于马共当时已被殖民地政府宣布为非法组织，所以它迫切需要寻找合作伙伴，以便重新登上政治舞台。于是，李光耀决定与之合作，把马共这个代表广泛民众的“狮身”与自己的人民行动党这个具有合法地位的“人面”结合起来。果真，在 5 年后的自治邦首次大选中，这个“狮身人面”的政党显示出了它一呼百应的魔力。

但同时，李光耀又深谙英国政府对共产主义势力可能在东南亚兴起的恐惧，知道西方政治势力想把新加坡打造成与之相抗衡的前沿哨阵。因此，在与马共合作期间，他始终以温和派的面目出现，主张采用渐进式的宪政途径争取自治和独立，与激进的左翼政党和自己党内的极左派保持距离，不让亲共分子担任党内要职，向英国当局塑造了一种政治可靠、值得信赖的形象。

1959 年 5 月 30 日，新加坡自治邦举行大选，执政的劳工阵线惨败，人民行动党大胜。前者输得一点都不冤枉，后者赢得也一点都不意外。

1959 年，新加坡自治邦的第一届立法议会，人民行动党的部长们从市政厅步行前往国会大厦。

“被迫”独立

犹如吮吸了大地之母的能量而变得力大无穷的巨人安泰①，人民行动党在普通民众的支持下，在新加坡自治邦第一届立法议会的大选中取得了压倒性胜利，在竞选的 51 个席位中获得 43 席，得票率为 54.1%。选前，虽然林有福联合其他政党，把劳工阵线改为新加坡人民联盟，但民心向背不是靠变个脸化个妆就能欺骗的，执政 3 年的林有福只得到可怜的 4 个席位。而由进步党和民主党合并组建的社会主义自由党更是颗粒无收。

人民行动党最初是由一群留英人士组建的政党，核心成员包括李光耀、吴庆瑞、杜进才等。李光耀在莱佛士学院读书时，吴庆瑞是他和杜进才的经济学导师。在伦敦留学期间，三人组织马来亚论坛，经常一起讨论马来亚的前途问题，提出要结束殖民统治，争取民族独立，实现彻底的民族自治。他们的言行引起了英国警察的注意，三人被列入监视名单。据说是李光耀家庭通过金钱疏通关系，才使得他免遭牢狱之灾。

对于李光耀来说，1959 年自治邦的建立远未达成他的政治抱负。在他血管里涌动的是争取马来亚彻底独立的热血。这

---

① 希腊神话中海神波塞冬和大地母神盖亚的儿子。传说中，他只要身体一接触大地，就能吸取大地的力量，变得力大无比。这个秘密后来被大力神赫拉克利斯发现。在格斗中，赫拉克利斯将其高高举起，使其离开地面，并在空中将其勒死。

一点在他的政党于新一届立法议会开幕式上发布的施政宣言中表达得再清楚不过了:“结束殖民主义,建立一个独立、民主、非共产主义、社会主义的马来亚”,“新加坡的未来最终在于与马来亚联合邦重新合并,成为一个独立国家中的一个邦”。

可为什么人民行动党要让新加坡与马来亚联合邦重新合并呢?

自古以来,对世代生活在这座半岛上的人来说,马来亚就是一个历史、政治、经济、社会、文化的天然整体。日本投降后,英国出于一己私利,于 1946 年提出将马来半岛与新加坡分而治之,就引起了新马两地人士的激烈反应。争取独立,建立统一的马来亚联邦,成为许多政党,包括人民行动党的奋斗目标。当然,该党提出新马合并,还有对经济、族群、政治等的考虑。首先,随着新加坡人口的快速增长,这个弹丸之地仅靠国际转口贸易已无法养活自己,需要有马来半岛广阔的经济腹地为其发展加工业提供所需的场地、原材料、市场和人力资源,就连饮用的淡水也得靠半岛供应。新成立的自治邦要在经济方面进行重大变革,“只有在新加坡与马来亚联合邦融为一个经济整体的情况下才有可能”①。李光耀也曾说:“没有经济基础(指马来亚联合邦),新加坡根本无法存活下去。”其次,在新加坡的马来族群也支持合并,这样他们就有望获得与马来半岛上的主体民族马来人一样的特权,其社会、经济和政治地位就能得到提

---

① 语出人民行动党建党人之一的吴庆瑞博士(1918—2010)。他因创造新加坡经济奇迹而被誉为“新加坡经济发展之父”“新加坡经济奇迹设计师”和“新加坡经济塑造者”。

高。[①] 但华人却对合并心存疑虑,担心合并后中央政府会对他们采取种族歧视政策。当然,最重要的原因还是出于政治上的考量。在人民行动党看来,马来亚联合邦已于1957年实现了独立,与之合并是实现新加坡独立最合理的捷径。“任何一个理性的人都不会相信,新加坡能够单独,能仅凭自身,就实现独立。”[②]另外,合并之后,人民行动党的政治舞台也将扩大到广阔的半岛上,更利于其施展拳脚,实现民族独立与繁荣的政治抱负。

不过,新加坡想与马来亚联合邦合并,起初还真的有点像是在拿自己的热脸蛋去贴别人的冷屁股。海峡的这一边,李光耀和他的新政府频频抛出绣球,又是游说英国人帮助转达入伙的热望,又是采取实际行动展示入伙的决心,比如把马来语定为国语,请马来人作曲家用马来语谱写自治邦邦歌《前进吧,新加坡!》,承认马来人是本地的土著居民,支持开展马来语教育,任命马来人担任第一位本土的国家元首,等等,目的就是想“消除马来亚联合邦的主体民族马来人的忧惧”,因为“这种心理,让他们不愿意接纳以华人为主体的新加坡”。[③] 但对于这一切,海峡对面的反应却不冷不热。

自1946年分立之后,新马在不同的宪政道路上已分道扬镳、渐行渐远了。此时的马来亚联合邦已赢得独立,执政的是以东姑阿都拉曼为首相的右翼保守联盟。经过多年的苦斗,政

---

① 根据1957年的《李特宪法草案及宪制调查报告书》,马来人在“保留地”、政府职位“配额”限制(即政府公务员华人与马来人的比例为1∶4)、若干商业执照及奖学金方面具有优先权。

② Singapore Ministry of Culture, *The Socialist Solution: An Analysis of Current Political Forces in Singapore*(Singapore, 1960).

③ People's Action Party, *Sixth Anniversary Celebration Souvenir*(Singapore, 1960).

府好不容易把崇尚暴力革命的马来亚共产党打入地下，赶进丛林，社会经济秩序逐渐恢复。而在新加坡执政的却是一个左翼色彩浓厚的政府，至少表面看上去如此。此时的新加坡，学生闹学潮，工人闹罢工，族群关系恶化，人民行动党内左右势力纷争加剧。对东姑来说，也许他现在最想干的事就是隔岸观火，不来蹚新加坡的这滩浑水。

当然，马来亚联合邦持有消极态度，还有更深层的原因。当时的新加坡拥有 100 多万华人。出于族群政治的考虑，以东姑为首的巫统（即马来民族统一机构）担心，合并后华人的人口比例会上升至 41%，马来人的比例会下降至 39%，华人政党有可能会以人口优势，通过选举夺取政权，打破马来人对政权的垄断。同时，马来人的一些极右政党也极力反对合并，指责巫统向华人出卖马来人的权利。

可恰恰是因为新加坡的这滩浑水开始变得越来越浑，逼得东姑不得不回心转意，重新考虑新马合并。

在新加坡，人民行动党在选举中大获全胜还没风光几天，就接连遭遇了建党以来的两次分裂，第二次还差点要了该党的命。

第一次分裂是由李光耀和人民行动党创始会员兼财务官王永元两人之间的个人恩怨引发的。自治邦大选之前，王永元曾担任新加坡市市长。大选后，他被任命为国家发展部部长。王反对新马合并，倡导华文教育，主张新加坡立即无条件脱离英国独立。由于他的管理方式粗暴，四面树敌，而且政绩不佳，李光耀决定削减他的职权，把市政和港务局从他管理的部门划出来。这引起了他对李光耀的怨恨，指责党内缺乏民主，批评李越来越右倾，当选后没能尽快实现承诺的独立和社会主义。而人民行动党则批评他的指责是“为了恢复他日益衰落的威望而做孤注一掷的冒险行为”①,还把他开除出党。愤怒至极的王永元从人民行动党中拉走了一两百号人,另立了一个党派,还宣布退出议会,在自己选区中以新党名义重新竞选议员,居然还凭着自己在选民中的威望再次当选。

如果说王永元的离开只是让人民行动党受了点皮肉之伤,那党内左翼派别的与之决裂却给了该党以致命一击。在马绍尔执政期间,以及随后的竞选中,为争取马来亚共产党、工会组织和左翼力量所代表的普通华人劳工的选票,人民行动党总是摆出一副左得不能再左的姿态。在议会里,李光耀与马绍尔常常唇枪舌剑,把原本空空荡荡、无人问津的立法议会厅搞得经常是听众云集,火药味十足,成了新加坡政坛的一大景观。马绍尔主张个人权利和自由至高无上,李光耀则认为社会高于个人。马绍尔公开宣称他反感马来亚共产党,绝不与极端左派有丝毫牵连,李光耀则声称:“谁想在新加坡让讲中文的民众追随他,持反共产党人的立场是行不通的。”

然而,一旦在其位,就得谋其政。作为反对党,人民行动党曾扮演了一头“闯进瓷器店里的公牛”,随心所欲,乱窜乱撞。但作为赢得大选后的执政党,它扮演的角色则只能转换成“瓷器店的老板”,殚精竭虑地护着瓷器店的坛坛罐罐。罢工、罢课、骚乱、暴动,已经不再列入该党的议程上了。取而代之的是发展经济、促进民生、改善教育、团结族群等迫在眉睫的难题,以及与马来亚联合邦的合并。李光耀自己也承认,作为反对党的人民行动党一直在利用工会“作为一面大旗,让我们可以躲在后面挑战整个体系”,而劳工造成的骚乱所构成的威胁,几乎让经济趋于崩溃。发展经济,特别是工业化,需要资本,尤其是

① 《行动报》,1960年第3卷,第13期,第1页。

外资,而投资需要良好的劳资关系和社会环境。为吸引资本家,自治邦新政府于1960年颁布《工业关系法令》,成立工业仲裁法庭,提出以调解、仲裁、集体谈判的方式解决劳资纠纷。同时,还把与政府密切合作的全国职工总会定性为唯一有权召集罢工的法定组织,其他劳工组织则通过注册或注销注册加以管束。

新政府的这些做法终于让资本家和商人们悬着的心放下了。在人民行动党获胜伊始,他们的心还真是拔凉拔凉的,以为接下来的这一届政府会打富济贫、无法无天。资本开始准备外逃,地产价格呈现下跌趋势,外资公司总部着手打包走人,但这一切并没有真的发生。人们看到的是一届理性、务实的政府,它所倡导的社会主义仅仅是增加社会福利,它反对资本主义却重视引进外资,它抨击殖民主义却主张以和平方式变革,它争取民族独立却力推与马来亚合并。新政府的这一立场转变却被人民行动党内的极左派斥责为右倾。1961年7月,左派领袖林清祥宣布与李光耀等温和派决裂,组建反对党——社会主义阵线。由于人民行动党基层党组织大多被左派控制,许多党支部的核心人物纷纷改换门庭,投入社会主义阵线,短短不到几个小时,51个党支部中就有35个集体辞职,23位受薪组织秘书中有19位退党。11个支部,每个支部平均所剩党员不足25人,有1个支部甚至只剩10人,退党人数高达80.4%。到1962年,该党的党员中,只有20%在缴纳党费。顷刻间,失去了草根阶层支持的人民行动党犹如离了水的鱼,只能在干涸的沙滩上等死。如果此时举行大选,它必输无疑。

“危”与“机”总是相随相伴的。李光耀所面临的危险,却给他带来了乾坤大挪移式的转机。从王永元成功补选议员的现实中,马来亚联合邦首相东姑似乎已经看到了什么。本想独善其身的他突然改变了主意。他思忖，鉴于新加坡民众受左翼思潮的影响很深，李光耀右倾政权的基础其实是很不牢实的。要是人民行动党中的极左派甚至是共产党夺权上了台，马来亚联合邦将会如何面对？新加坡会不会成为“第二个古巴”或“东南亚的以色列”？与对资本主义恨之入骨和反对新马合并的共产党政权相比，李光耀领导的、主张与之合并的温和派政府不是更加符合马来亚的利益吗？另外，如果把马来人居多的婆罗洲、文莱和沙捞越一并纳入合并计划，不就解决了新马合并后华人与马来人人口比例失衡的问题了吗？于是，在东南亚通讯员协会的一次午餐会上，他表示马来亚、新加坡和婆罗洲三地迟早应共同为实现更紧密的政治和经济合作而努力，并提出要拟订一项马来西亚大联邦计划，促使马来亚、新加坡、婆罗洲、文莱、沙捞越与英国在政治和经济上更密切合作。

东姑递来的橄榄枝成了人民行动党时来运转的契机。李光耀马上响应称：“东姑的建议可以使我们在走向完全独立的政治进程中，增加了很大的速度……现在我们可以通过和一个更大单位的合并而获得独立。”①危机重重的新加坡自治邦政府立即行动了起来，对内协调各在野党对合并的态度，开动宣传机器，促进全民达成“合并即独立”的共识。从 1961 年 9 月 13 日到 10 月 9 日，不到一个月的时间内，李光耀就在广播电台一口气举办了 12 期讲座，大谈新马不能分开的原因。为让新加坡人都能听懂他的宣讲，讲座分别用华语、马来语、泰米尔语、英语、粤语和闽南语播出。宣传达到了效果。在 1962 年 9 月 1 日举行的全民公投中，支持人民行动党关于新马合并主张的选民高达 70.8%。对外，政府快速推进与马来亚联合邦的

---

① 《南洋商报》，1961 年 6 月 5 日。

合并谈判。在东姑表达合并意愿的谈话仅两个月之后，李光耀就赶赴吉隆坡与之会谈；次月，双方举行正式谈判。一场漫长且痛苦的讨价还价就此拉开了序幕。

双方争执的焦点是：一、共同市场和自由港地位的问题；二、税收分配和财务问题；三、治安权力问题；四、公民权问题。

关于第一个焦点问题，正如前面已谈到的，新加坡之所以力主与马来亚联合邦合并，首先是出于经济上的考虑。马来半岛的丰富资源和广阔市场是新加坡发展自由贸易、实现工业化的保障。因此，在谈判中，新方坚持要求把建立共同市场写入宪法，同时保留新加坡自由港地位。但马方却认为，共同市场目前对自己是弊多利少。马来半岛以农业经济、矿业和种植园经济为主，亟待发展商业经济和工业化。新加坡发展加工业，势必对半岛发展工业化形成威胁。新方既要市场，又要自由港地位，这种两头都想占好处的算盘打得太精。于是，对于新方提出的要求，马方仅原则上同意，但细节问题要留待合并后再"研究研究"。

争执的第二个焦点是征税权归谁的问题。马方提出，由中央政府统一征税，上缴国库后再拨付给新方。但李光耀却坚持征税权归新加坡，联邦政府对其抽税。抽税的比例经过反反复复的讨价还价，最终确定为新加坡向中央政府交出"国家税收"的40%或总岁入的28%。此外，作为新加坡保留自由港地位的交换条件，新方有义务向婆罗洲三邦捐赠5000万马元作为发展之用。李光耀认为要价太高，新加坡难以接受。最后，双方同意改为1.5亿马元贷款，其中1亿马元免息5年。李光耀还提出，在这1.5亿马元的贷款项目中，50%的工程必须由新方劳工承担。

第三个焦点是新加坡治安权的问题。新方想把内部安全治理的权力拿在自己的手上,希望中央政府把治安权下放给新加坡。但鉴于新加坡这些年动荡不安的社会环境,东姑认为,新加坡的内部安全事务不仅关乎新加坡的社会稳定,也牵扯到半岛的社会稳定。因此,在这个问题上他不肯让步。

第四个焦点围绕合并之后新加坡人的公民权问题,也是后来导致新马矛盾加剧、双方不得不另立门户的最突出问题。在族群关系上,以东姑为代表的半岛马来人推行“马来人优先”的国策,对新加坡华人一直是心存戒备的。因此,在公民权问题上,马方坚持新加坡人同时具有马来西亚公民权和新加坡公民权,但新加坡公民只能在新加坡参与投票或竞选,不能在新加坡以外的马来西亚地区参与投票或竞选。同时,马来西亚公民也不能在新加坡参加投票或竞选。实际上,从政治的角度看,这是马方为限制新加坡华人进入半岛从事政党活动的一个设计。对此,李光耀及其政党一直耿耿于怀。

这场艰苦的谈判使得原本你情我愿的“恋爱”变得苦涩起来,也为两年后双方“分手”埋下了祸根。

从 1961 年 7 月到次年 7 月,谈判持续了整整一年多,其间几度破裂,几度延期,各方领导人的会晤也多次取消。到最后,东姑甚至威胁说,如谈判不成功,马来西亚联邦将如期成立,新加坡将被排除在外。考虑到新马合并是人民行动党赢得即将来临的自治邦新一轮大选的重要筹码,李光耀被迫让步。1962 年 7 月 9 日,新、马、婆、沙、英五方在伦敦签署《马来西亚协定》,并决定马来西亚联邦将于 1963 年 8 月 31 日成立。

可还没等到联邦正式成立,新马双方就闹起别扭来了。

就在马来西亚各邦正热热闹闹“谈婚论嫁”的时候,邻居印度尼西亚和菲律宾却不高兴了。菲律宾声称对北婆罗洲拥有主权,马来西亚不得将其纳入联邦。印尼则怀疑,北婆罗洲人民是否真的都愿意加入联邦,并要求举行全民公投。两国一直闹到联合国。最后,在联合国秘书长的调解下,马、菲和印尼三方在菲律宾首都马尼拉达成协定:北婆罗洲不举行全民公投,由联合国主持调查其民意;马来西亚延期成立。

可李光耀却根本不买马尼拉协定这个账。他正盼着马来西亚早日成立呢！原来,1963 年 9 月,新加坡将举行第二次大选,这可是对人民行动党的一次生死大考。曾在上一次大选中帮助人民行动党大获全胜的左翼力量,如今整合成了社会主义阵线,成为实力强大的竞争对手。在这种选情下,李光耀太需要用新马合并的成功来向选民证实,他的党有能力带领民众走向独立和繁荣。围绕合并,人民行动党付出了太多的努力,也赢得了民众的认可,这是该党乘势而为、赢得选举的好时机。可如果把联邦成立的日期推迟到大选之后,反对党可以此来抨击政府,致使政局不稳,甚至影响选举结果。出于这样的考虑,李光耀联合沙捞越和沙巴的首席部长向东姑施压,不同意延期,并于 8 月 31 日单独宣布,新加坡自当日起独立,取得外交和国防权力。东姑对此极为不满,表示:“我已经为国家的和平付出了许多努力,此时我们内部制造矛盾是不对的。”①

这一次别扭的起因是各政党的利益不同。接下来的矛盾也出于这个原因更加激化了。

在新马合并的制度设计中,两地的公民是不能够到对方的地域去投票和竞选的。这是马方提出的规矩,可恰恰又是它率先破了这个规矩,真可谓“只许州官放火,不许百姓点灯”。在 1963 年 9 月的新加坡大选中,以东姑为首的执政联盟马来亚联

---

① Patrick Keith, *Outed*, Singapore: Media Master Pte. Ltd., 2005, pp. 36—37.

盟(包括巫统和马来亚华人公会)为了将其势力渗透到新加坡,竟染指大选,公开扶植作为反对党之一的新加坡联盟,试图击败李光耀的执政党。东姑不仅指派数名部长和国会议员协助竞选,自己还亲自到新加坡为“小弟”站台。有了中央政府的支持,新加坡联盟领导人更加理直气壮,指责人民行动党“倒行逆施,对人民极尽骄蛮暴虐;大胆逮捕胆敢不遵‘圣旨’人士;对职工运动摧残无道;对中央政府不问皂白,公开采取敌对行动”,人民对其“无不痛恨之极,渴思翻身,希望政权易手,早铲除人民行动党之苛政,以免再受其荼毒”。①

对于马来亚联盟的做法,李光耀非常恼火。他曾多次表示,人民行动党不会参加 1964 年的马来西亚大选。既然对方开始对新加坡实施政治渗透,那么“来而不往,非礼也”,人民行动党也不必遵守原先的承诺,立即于 1964 年 3 月在马来亚注册,要在当年的马来西亚大选中“赤膊上阵”了。

尽管人民行动党称这次参选仅仅是象征性的,而且选举结果是仅得到了可怜的 1 个席位,但对人民行动党的这一招,东姑的反应自然是愤怒加忧虑了。他愤怒,是因为他认为李光耀不守信用,公然违背承诺,是个难以对付的政治投机家。他忧虑,是因为人民行动党在新加坡大选中再次获胜表明,这个党及其社会改革理论,对民众尤其是城市中的华人,具有很强的感召力,如果任其发展到半岛上来,假以时日,它或许会成为巫统的潜在竞争对手,挑战“马来人优先”的国策,甚至取代马来人的政权。因此,在之前李光耀屡次表示人民行动党愿与巫统结盟、取代马来亚华人公会时,东姑都未认同,反而更加强调与马华公会的盟约:“就算马华公会只有五个人,我们还是接受它

---

① 《南洋商报》,1963 年 9 月 13 日。

为一个政治伙伴,但我们不接受其他朋友。"①在东姑的眼里,人民行动党已经不再是安于一隅的一岛之党,也不再是一个自称为"友好、忠诚的反对党兼批评者"②,而是一个迅速崛起、威胁马来人利益、觊觎联邦大权的危险敌人了。

最让东姑感到不安的是,李光耀竟积极联络在野党,筹建反对党统一阵线——马来西亚团结大会,并喊出建立"马来西亚人的马来西亚"的政治口号,公开提出了马来西亚非马来人的政治诉求:废除马来人在法律和政治上的特权,建立一个非马来人的政府。③ 1965 年 5 月 3 日晚,李光耀在人民行动党中央政治局会议上,公开发表了《马来西亚是属于什么人的马来西亚》的讲话,提出要争取族群平等,把矛头直接指向马来西亚政治中最敏感的话题——马来人的特权。这次讲话犹如一枚重磅炸弹,在马来人当中引起强烈震撼。有学者评论说:"李光耀的话激怒了每一个马来男人。马来族群认为这是对他们的土著遗产、马来人特权、马来语作为国语、伊斯兰教作为国教以及本土家园观念的挑战。"④巫统极端派系扬言要"逮捕李光耀!打垮李光耀!"还烧毁了李光耀的塑像。在 5 月 25 日第二届国

---

① 《南洋商报》,1964 年 3 月 15 日。

② 此前,在马来西亚的政治舞台上,人民行动党试图扮演一个中立党的角色,不像其他反对党那样"具有破坏性和不忠不诚"。为表明这一态度,初入国会时,人民行动党把自己的 4 个席位安排在政府议席这一边,另外 8 个席位安排在反对党那一边。但自从人民行动党参加马来西亚大选后,东姑就把它的所有议员都赶到反对党席位那边去了。

③ Thomas J. Bellows, *The People's Action Party of Singapore: Emergence of A Dominant Party System*, New Haven: Yale University Southeast Asia Studies, 1970, pp. 64—65.

④ Mohamed Noordin Soopiee, *From Malayan Union to Singapore Separation*, Kuala Lumpur: Penerbit University Malaya, 1976, p. 202.

会上,马来西亚最高元首赛义德·普拉特在施政演说中,指出国家正面临来自外部和内部的威胁,将陷入动荡不安的局面。巫统议员马哈蒂尔则讨伐人民行动党,称之为一个亲华人、有共产主义倾向且坚定反马来人的政党。面对执政党的指责,李光耀针锋相对,毫不隐讳地批评马来西亚执政联盟,质疑这个国家的政治生态:难道只要马来领袖(马来贵族和受过教育的精英分子)、华族领袖(有钱的商人)和印度领袖(专业人士)合作,这个国家的一切就都 OK 了吗?

据说,在这场唇枪舌剑中,东姑几乎是沉默不语,但此时的他也许已经暗下决心,要把新加坡从联邦中分离出去。在他的回忆录《回顾》一书中,东姑写道:“压死骆驼的最后一根稻草正是李光耀于 1965 年 5 月在联邦国会中……的演讲。他提出了许多问题,连最能容忍的国会议员都感到不耐烦。”①

除了政党利益和族群利益的冲突之外,经济上预期收益的落空也是导致新马分离的原因。首先,由于印尼采取对抗马来西亚的政策,双方的贸易关系彻底断绝,严重地影响了新马两地的经济发展,作为贸易口岸的新加坡尤其严重。据统计,从 1960 年到 1962 年,每年新加坡与印尼的贸易额均超 10 亿马元。可新马合并之后,双方的贸易额突降为零。其次,新加坡所期待的共同市场计划只是一张空头支票,并未得到有效推进和细化,中央政府没有采取有效措施来协调降低关税,开放市场。新加坡企业要向中央政府申请可以享受免税政策的新兴工业许可证,还要受到更加苛刻的限制。加上需要向中央财政上缴 40%的税收,还要向婆罗洲提供 1.5 亿马元的贷款(尽管

---

① Tunku Abdul Rahman, *Looking Back*, Kualu Lumpur: Pustaka Antara, 1977, p. 120.

直到分离时还一直拖欠)，这使得在两年不到的时间内，新加坡原来还略有盈余的财政一下就亏空了 2300 万马元。因此，对合并失望的情绪开始在新加坡社会弥漫开来。

政治、族群和经济的因素相叠加，注定了新马这段“短暂婚姻”必将在痛苦中结束。心力交瘁的东姑曾想过其他替代性方案，如举行分权谈判，给予新加坡更大自主权；或武力镇压人民行动党，更换或拘押李光耀。但这些选项都被他一一排除了，分离成了解决族群冲突的唯一办法。“为了防止身体其余部分也腐坏”，要把新加坡切除出去。①

李光耀发表独立宣言的照片

1965 年 8 月 7 日，东姑在首相官邸会见李光耀，给了他两个选择：要么离开马来西亚，仍受英国和马来西亚防务协议的保护；要么面对种族冲突和流血，但结果很有可能是用法西斯手段暂时控制住局势，或被共产党乱中夺权。东姑对李说：“我打定了主意：你们走你们的路，我们走我们的路。只要你们在任何方面跟我们挂钩，我们都难以成为朋友，因为你们会介入我们的事务，我们会介入你们的事务。明天当你们离开马来西亚，我们不在国会或选区里争吵后，会再度成为朋友。我们彼此有需要，会互相合作。”②

① Albert Lau，*A Moment of Anguish*：*Singapore in Malaysia and the Politics of Disengagement*，Singapore：Times Academics Press，1998，p. 257.

② 李光耀：《风雨独立路——李光耀回忆录(1923—1965)》，外文出版社、新加坡联合早报 1998 年版，第 697 页。

8 月 9 日，马来西亚国会和参议院以前所未有的速度，通过了新马分离议案。几乎在同时，李光耀抹泪的形象和哽咽的声音出现在新加坡的电视和电台中：“我，李光耀，以新加坡总理名义，代表新加坡人民与政府，宣布从 1965 年 8 月 9 日起，在自由、正义公平的原则下，新加坡将永远是一个自主、独立与民主的国家。我们誓将在一个更公平、更合理的社会里，永远为人民大众谋求幸福和快乐。”①

“一些国家原本就独立，一些国家争取到独立，新加坡的独立却是强加在它头上的……对新加坡来说，1965 年 8 月 9 日不是什么值得庆祝的日子。我们从没争取新加坡独立……在居住着一亿多马来印尼回教徒的三万个岛屿的群岛中，我们的华族人口简直微不足道。新加坡是马来海洋中的一个华人岛屿。我们在这样一个充满敌意的环境里如何谋求生存呢？”②

李光耀向他的人民，也向他自己，提出了这个必须靠不断摸索才能解决的难题。

---

① 李光耀：《风雨独立路——李光耀回忆录（1923—1965）》，外文出版社、新加坡联合早报 1998 年版，第 697 页。

② 《被迫独立，新加坡是如何脱离马来西亚的？》，《环球时报》2008 年 10 月 28 日 。

中篇

新加坡的今生

“吴的蠢作”

生存，这是刚“被独立”的新加坡共和国面前的第一道坎。

这个当时仅有500来平方公里陆地的蕞尔小国，却拥挤着200万人口，其中近一半在21岁以下，失业率高达10%以上。

曾经繁忙的新加坡港，如今冷冷清清。与印尼的贸易几乎彻底中断，而马来西亚的进出口货物又纷纷绕开新加坡，改由本国港口进出，可谓“肥水不流外人田”。

曾经期盼已久的共同市场，如今却形同虚设。对于新加坡生产的工业品，马来西亚反而筑起了高高的关税壁垒。

更糟糕的是，英国要关闭在新加坡的军事基地，这意味着成千上万受其雇佣的新加坡人将加入失业大军。要知道在当时，新加坡15%的国内生产总值来自这个基地。

转口贸易和军营业务——新加坡经济的两大支柱岌岌可危。

李光耀心里清楚，经济崩溃将意味着什么：罢工、动荡、族群冲突、政权垮台，左翼势力的卷土重来，马来西亚的幸灾乐祸……

但性格刚毅的李光耀并没有退缩。在被迫独立那一天举行的记者会上，他咬着牙一字一顿地说：“我不是任何人的配角，我也不参加任何人的游戏，我背负的是几百万人的生命和生计,新加坡一定会,生存下去。”① 6 年之后,在回顾独立之初的情形时,他把新加坡与其他刚独立的亚非国家进行了比较,“(许多国家的)第一代领导人曾带领民众争取独立。但他们很少懂得,政府要做的不再只是动员民众支持他们去反对殖民主义。独立之后,他们不生产商品,不学习管理,不发展经济,不提振民众对政府的承诺和事业的信心,没有引进外资以增强本国资本,不培训年轻人的技能和纪律,以便利用这些资本和机器来创造更美好的生活。”②因此,新加坡绝不能重蹈这些国家的覆辙,发展经济是新生共和国的第一要务。

人民行动党的第一代领导人个个都是实干家。聚集在他们周围的也都是一群志趣相投的经济学家、银行家、建筑师和城市规划师。他们认为,经济效率乃立国之本。民众想要的好政府,是能实实在在给他们提供工作、住房、学校、医疗保障的政府。这一切需要发展经济才能实现,可对于一个没有资本、没有原料、没有市场、没有人才、没有技术的新兴国家,经济发展的出路在哪里?

为寻求答案,李光耀请来了曾对“二战”后荷兰经济复兴做出重要贡献的著名经济学家 A. 维森梅斯来新加坡问诊把脉。早在 1960 年,维森梅斯曾率领联合国的一个技术扶助小组访问过新加坡。在他看来,当时的新加坡只是“亚洲一个暗角中小得可怜的市场”,而且频发的工人罢工和政治动荡使得它的发展前景更加黯淡。这一次应邀重返新加坡后,维森梅斯发现,新加坡的境况虽依旧很危险,充满了挑战,但也充满机遇,

---

① http://m.news.cntv.cn/2015/03/23/ARTI1427093662704934.shtml.

② Prime Minister's Speeches, 28 April 1971, Republic of Singapore.

因为新政府把发展经济放在一切工作的首位，而且他发现自己与李光耀及其团队有许多共同语言。于是，他决定留下来，担任新加坡政府的首席经济顾问，而且一干就是近 20 年，直到 1984 年退休。

可谁料到，这位高鼻子洋专家给李光耀出的第一个主意居然是保留坐落在新加坡河畔的那尊象征殖民统治的莱佛士雕像！

维森梅斯的这个建议是别有深意的，因为他看到，在这座雕像的背后，有占当时新加坡外资总额 70％的英国投资。

20 世纪 60—70 年代，许多第三世界国家纷纷摆脱殖民统治，宣布独立。为振兴本国经济，最流行的做法是发展民族产业，设立保护性关税壁垒，实行进口限额，把大型跨国企业拒之门外。然而，维森梅斯却建议李光耀反其道而行之，制定激励政策，打消资本家的顾虑，把现有的外资留下来，防止资本外流。但更重要的是，敞开国门，引进外资，邀请大型跨国企业把资本、技术、设备带到新加坡，走以出口为导向的新型工业化道路。

于是，重拾信心的英国投资者没有被群情激昂的反殖民主义和反资本主义的浪潮吓跑。相反，更多的外国投资者接踵而至，荷兰工业巨头飞利浦来了，跨国石油企业壳牌、美孚和埃索来了。按照维森梅斯给李光耀描绘的宏伟经济蓝图，随之而来的将是贸易和投资的多元化，新加坡经济将从单一的转口贸易向根基更为宽广的制造业、炼油业、金融业和服务业发展，新加坡将从一个普普通通的转口贸易港城市，成长为世界一流的国际交通枢纽、国际加工业基地和国际金融服务中心。

以逐利为目的的外资最怕什么？劳资冲突和政治动荡。这一点，李光耀心里最清楚。1959 年人民行动党首次执政的时候,他就警告说,不能任由劳资之间的斗争破坏经济。但在当时,政府试图建立统一的、能与政府密切合作的全国职工总会,却遭到了劳工组织的抵制;试图推行工会注册和注销制度,也遭到了党内左翼势力的反对。因此,要阻止劳工运动,打击其背后的左翼势力和共产党是当务之急。早在 1963 年,执政的人民行动党就利用新加坡内部安全委员会这张“王牌”①,开展了一次代号为“冷藏行动”的清共行动,共有 115 名共产党人被投入监狱,包括人民行动党原左派领袖,后来成为反对党社会主义阵线(简称社阵)主席的林清祥。② “冷藏行动”之后,政府又于 1968 年大胆地出台了旨在约束劳工、限制罢工、提高生产力、创造能吸引投资者的良好环境的新法律:一方面允许资本家延长劳动时间,减少假期,限制发放加班费和津贴,缩减白领阶层福利,鼓励劳资双方通过协商、谈判、仲裁等和平的方式解决纠纷;另一方面,又对保护劳工权益做出详细规定,包括病假、失业抚恤金、公积金份额等。新法律颁布后的第二年,新加坡没有发生过一次罢工,这也是有史以来第一个没有发生过罢工的年份。1971 年,由政府、工会、雇主三方代表共同组成的全国工资理事会成立,为企业制定工资政策提供指导意见,以预防劳资纠纷发生,化对抗为合作。这些举措取得了明显效果,罢工次数明显减少,劳资关系日益改善,一个良好稳定的投资环境逐渐形成。另外,“冷藏行动”把社阵的主要成员都关了起

---

① 在 1957 年于伦敦举行的新加坡自治谈判中,双方决定建立一个内部安全委员会,负责新加坡内部安全问题。鉴于此次谈判的主角是李光耀,因此有推测说,这是李为日后推行威权政府而巧妙设计的一张王牌。

② 李光耀这一招可谓一石三鸟:一是铲除了劳工背后的共产党势力;二是削弱了对手社阵的力量,为下一届大选扫清了障碍;三是满足了马来政治家消灭新加坡共产党和左翼势力的意愿。

来,这让实力强劲的社阵失去了竞选机会,促成了人民行动党长期执政的政治环境。

有了稳定的政商环境,下一个难题就是土地了。发展工业需要空间,可在本来就很拥挤的岛国,上哪儿去寻找那么一大块土地呢?

140多年前,在莱佛士首次登上新加坡岛的第二天,他曾面对岛西南面的那片人迹罕至、无法居住的沼泽地一筹莫展。最终,他只得把殖民点设立在地势平坦坚实的岛东北面。可100多年后,这块被人视作只配“捞虾狩猎”的不毛之地却吸引了另一个人的目光,他就是被誉为“新加坡经济发展之父”和“新加坡经济奇迹设计师”的吴庆瑞博士。1959年自治邦成立的时候,新加坡经济遭遇严重危机,人均生产总值仅290美元。作为人民行动党创始人之一的吴庆瑞临危受命,出任财政部长,辅弼李光耀进行经济建设。面对裕廊镇的这片沼泽密布、人烟稀少的荒地,一个大胆的想法在他脑子里形成:在这儿建设一座工业园,发展当时最适合新加坡国情的劳动密集型产业。

1962年,占地6480公顷的裕廊工业园区破土动工,政府划拨1亿新元建设基础设施。园区采取边建设边引资的办法,建园当年,第一家工厂大众钢铁厂奠基,第二年又有23家企业入驻。1965年,裕廊码头建成。随后,成衣、纺织、玩具、木器、假发等小型企业纷至沓来,加上后来入驻的炼油企业,园区的劳动密集型产业已粗具规模,解决了大量失业人口的就业问题。1968年,园区内的厂房、港口、码头、铁路、公路、电力、供水等各种基础设施基本完成,成为亚洲最早建立的开发区之一,新加坡由此迈出了工业化进程的第一步。

但是,由于园区远离新加坡城,生活条件十分落后,且没有学校、医院、商店、银行等服务设施,工人们都不肯在这里安家落户，而愿意住在城里，每日靠班车接送。一到下班时间，一辆辆班车载着工人浩浩荡荡开回城里，偌大个工业园区成了一座鬼城。有人因此把这里戏称为“吴的蠢作”。为了解决这一难题，吴庆瑞想了一个办法，宣布从1965年4月1日起，在通往裕廊的公路上建一座收费站，接送工人的班车每月收费50新元。起初，工会和开发区的官员担心这一招会吓跑投资商，但事实却是，从这时起，为了降低成本，留住工人，企业开始支付工人住房津贴，鼓励工人在裕廊定居。随着越来越多的人住在这里，各种社会服务设施也同步发展，兴建了学校、科学馆、商场、体育馆等。如今，裕廊工业区已成为一个生产和生活的综合体，这对工业区的人才储备起到了非常大的促进作用。此外，在建园之初，园区管理部门还预留了10%的土地，用于建设公园和风景区，迄今已建成10多个公园，包括世界著名的新加坡裕廊飞禽公园、中国式公园、日本式公园等，这些美丽的景点使裕廊成了名副其实的“花园工业镇”。

1980年至1990年，园区开始吸引高附加值的资本与技术密集型产业，将南部的岛屿开发成石油化工产品的生产和配售中心，将罗央开发成第一个航空工业中心，引进日本石川岛播磨重工业公司、美国列明士顿公司等世界著名造船厂商。从20世纪90年代开始，园区为更好地集约化利用土地，将知识经济概念融入园区的设计和建设中，出现了融科技园、商业园、后勤园为一体的综合园区。如今，裕廊工业园区的企业超过了8000家，已成为世界第三大炼油中心、东南亚最大修造船中心，以及世界第二大海上石油平台生产圈。

新加坡工业园区的开发运营是颇具特色的。李光耀等第一代领导人始终秉持这样的观念：在一个强敌环伺的地缘政治经济环境中，新加坡要生存，需要一个“强势的大政府”无时无刻地去主导国家的政治发展、经济发展、社会发展和文化发展。在工业园区建设领域，政府的主导作用主要是通过经济发展局及后来独立出来的裕廊镇管理局来实现的。经济发展局是一个准政府机构，在调动社会资源启动经济发展方面具有较大的自主权，在园区的资金筹集、土地运用、招商引资等方面采取统一规划、专业化管理和服务的模式。比如经费方面，园区的初期开发建设资金由政府提供，后期资金则通过各种途径筹集，包括外商合资、独资等。比如用地方面，经济发展局依照法律统一控制全国工业用地和各类园区的土地供给。再比如招商方面，园区由经济发展局遍布世界的专业招商队伍统一负责招商，这支队伍了解全球产业发展趋势，精通招商引资业务，熟悉西方人的思维和行为方式，会说英语，善于沟通，这些都是李光耀最引以为豪的。他曾这样夸奖新加坡经济发展局："外国投资者来新加坡时，有宾至如归的感觉，当他们听了经济发展局的介绍之后，他们会说：'好的，我相信你。'"①

这种政府主导的开发模式显示出很大的优势。首先是能够有重点地吸引跨国公司的投资。园区的竞争对象在国外而不在国内，园区之间没有恶性竞争。比如，裕廊工业园区采取的是统一招商的策略，由经济发展局在世界各地设立分支机构，重点选择在各个发展时期符合本区域经济成长的企业：针对战略性公司，重点吸引其财务、市场等重要部门来园区落户；针对技术创新型公司，重点吸引其核心产品及技术研发的部门；针对大型公司，重点吸引其最复杂的生产程序和最先进的生产技术部门等。其次，这种模式有利于项目所需土地能快速

---

① 李光耀：《李光耀回忆录：我一生的挑战——新加坡双语之路》，译林出版社 2013 年版，第 200 页。

供给，建设能快速启动，快速形成规模经济，服务能快速提升和优化，比如裕廊工业园区首创的“一站式”服务，就是新加坡执政党倡导的高效廉洁政府的具体体现。

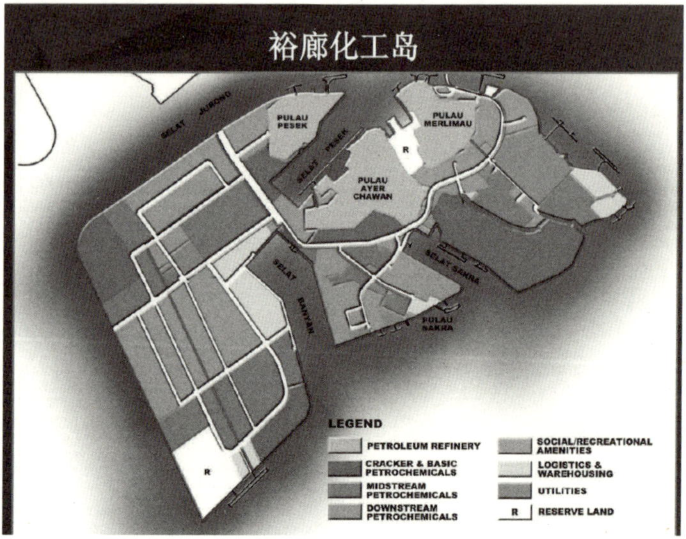

新加坡裕廊工业园区

半个多世纪以来，裕廊工业园区在世界工业化的浪潮中，俨然是一个踏波逐浪的弄潮儿，从劳动密集型园区、技术密集型园区、资本密集型园区、科技密集型园区，发展成如今的人才与创新密集型园区。有谁曾想到，这个从前被人们讥讽为“吴的蠢作”的工业园区，竟成了创造新加坡经济奇迹的杰作？

居者有其屋

解决了民众的就业大事，下一个棘手的问题是解决他们的栖身之所。

新加坡的房荒，早在殖民时期就相当严峻。1947 年，这里的人均建筑密度高达 18.2。英国房屋委员会在一份报告中曾写道："新加坡有一个世界上最糟糕的贫民窟，是文明社会的耻辱。"在英国殖民者统治的 110 多年间，普罗大众住在哪里，住得如何，从来不是历届总督所关心的问题。据统计，从 1928 年到 1948 年，殖民地政府平均每年只建造 150 套住房，直到 1959 年人民行动党开始执政，31 年间殖民地当局才建造了 23264 座公共组屋，而当时的人口就有 160 万，只有不到 10%的人拥有住房，房屋缺口巨大。到 1966 年，住房短缺的问题仍十分严重。据新加坡建屋发展局的一份文件记载，当年仍有 30 万人口居住在棚户区，25 万人住在郊区或市中心肮脏的店屋内。

独立之初，新加坡的人口剧增，绝大多数挤在内城区域，许多人居住在乱搭乱建的棚户区和贫民窟内，蜗居在一室户或小隔间里。至于那些临时工和非熟练工家庭，居住空间甚至更小，而他们基本上占了总人口的四分之一。还有些人根本就没有固定的住所。店铺的杂役们在店关门之后，晚上就睡在地板上。在人满为患的牛车水①，同一个铺位被分时段租给所谓"寻

① 新加坡的唐人街。因从前这里没有自来水，靠牛车运水而得名。

空人”,夜间租给日工,日间则租给上夜班的工人。

人民行动党的领袖们在1959年的竞选承诺中,就提出要为民众解决房荒的问题。在他们看来,住房不仅是个民生问题,更是个政治问题。房屋不是一个纯粹的市场商品,而是普通民众都有权享受的公共物品;民众如果拥有了房屋,对国家就更有归属感,社会就更趋稳定,房屋是社会的稳定器;解决好民众的住房问题,政府就能获得民众最稳定的政治支持。李光耀曾说过,在香港、汉城或东京这些城市,工人工资高,却须花大钱住小房子,而且这些房子永远不会归他们所有。新加坡选民如果也这样,就不可能在每次大选中一再地把票投给人民行动党。①

1959年,由人民行动党执掌的自治政府一成立,便推出了“居者有其屋计划”,设立建屋发展局,启动了第一个五年建屋计划(1961—1965)。这个时期的主要任务是解决房荒,消除贫民窟,更新市区。5年内大兴土木,共建成54430套被称作“组屋”的公租房,比殖民地政府30多年建造的房屋还要多两倍,一举解决了25万人的住房问题。新加坡独立之后,政府又立刻启动了第二个五年计划(1966—1970),为35万人兴建了66239套住房。这一时期的重点任务是扩大住房面积,建造三居室和四居室户型,增加组屋的配套设施。第三个五年计划(1971—1975)除继续建造大面积新组屋外,重点改良或拆建一居室、二居室组屋,并改善组屋区的配套环境。这一时期共建成113819套住房,安置了50%的人口。此后,政府持续推行了6个五年建屋计划。截至2008年,共建造1018674套公共住

---

① 李光耀:《经济腾飞路——李光耀回忆录(1965—2000)》,外文出版社、新加坡联合早报、时代媒体(新)私人有限公司2001年版,第102—108页。

房，解决了93%人口的住房问题，人均居住面积从1959年的6平方米增加到2010年的30平方米。住房自有率也上升到87.5%。房屋的品质和小区环境也不断提升，如今，一些新组屋的设计甚至可以媲美私人公寓。此外，政府还通过中央公积金制度和各种金融政策，让更多的人买得起房，或把房屋的租金和贷款买房的租金控制在住户家庭月收入的20%以内。

在组屋区的规划上，建屋发展局采取了“毗邻原则”，在每75000人的组屋区设立一个市镇中心，配套图书馆、幼儿园、邻里学校、邮局、银行、百货商店、戏院等生活娱乐设施。每个组屋区或新市镇距离市区不超过5公里，人们步行上班不超过半小时，公交车费不超过0.5新元，民众步行就能到达市场、商店、诊所、学校、娱乐场所、民众联络所等。每一座组屋形成一个步行生活圈，人们在这儿可以就近学习、就业、交流。此外，组屋区内外还留出专门用地，兴建了许多绿地、花园、水池和休闲场所，形成了新加坡独具特色的一道民居风景。

如此大规模的组屋建设项目，土地从哪里来？人民行动党初次上台时，土地国有率只有44%（包括原殖民地政府辖地和英军基地的原英国王室辖地）。大量组屋建设用地需要从私人手中购买。1966年，新加坡政府颁布了《土地征收法》。这部执行了40年之久、被许多新加坡人谴责为“恶法”的法律最显著的特点是以“低补偿”来进行土地的征收。一旦政府确定了哪块土地因建设之用需要征收，这块土地的所有者就必须出让，毫无商讨余地，而且所获得的法定补偿严重偏低，许多住户的补偿金甚至难以回购相同面积的住房。李光耀也承认，政府一直采用“绿林好汉”式的有利于公共利益的做法，导致许多民众极不情愿地离开家园，存在“被上高楼”的现象。受这部法律影响最大的是马来族群。这些人原来居住在沿海的渔村或马来村,主要靠农耕和捕鱼为生,或居住在城里专门为马来人设立的保留区域内。土地被征之后,他们只得放弃自己传统的谋生方式,被迫住进城里的新公寓楼,与华人、印度人和欧洲人为邻。这使得他们感到很难适应国家倡导的这种居住的新模式。

人们不禁要问,新加坡如此严苛的土地征收法律,为什么没有引发钉子户、抗法、上访、自焚及暴力强拆等恶性或群体事件?

首先,在建国之初,新加坡领导人一直在民众当中营造国家生死存亡的忧患意识。由此,“国家利益优于个人利益,经济发展先于人权保障”成为政府长期以来居于核心地位的国家治理观,公共利益优先的传统理念在人们的心中也逐渐形成。基于“施小恶以成就大善”的治国理念,政府和民众形成了这样的共识:以公共利益的名义征收私人土地,不应给国家带来过高的财政负担;社会发展的财富不应让少数个人独享,而应由全体公民共享;在法律的设计上应尽量避免“法之不善”引发的土地投机行为和土地所有者暴富的现象。在这一法律制度下,即使一些人对征地和搬迁有不满情绪,但也不敢采取过激行为,更无法阻止政府大刀阔斧的征地行为。

其次,政府的征地赔偿程序也设计得非常严谨,把征地补偿可能引发的矛盾从产生到解决的过程全部纳入法律程序当中。整个程序分四个阶段:第一阶段,由享有土地征收补偿权的当事人向地税征收官提出赔偿要求;第二阶段,地税征收官调查被征收土地的价值及要求补偿的人所各自拥有的权益;第三阶段,根据新加坡《土地征收法》规定的补偿价格标准,确定对被征收的土地进行补偿的数额;第四阶段,向当事人支付补偿金。如对补偿方式、金额、补偿费的分配等不服的,可向上诉委员会提出上诉,如诉讼案涉及金额在 5000 新元以上,则须向法院上诉,由法院做出最终裁决。如果这桩购买引起的争议久而未决,政府仍然能够先拿走土地,但卖家却要等到法院处理完相关纠纷后才能拿到赔款。

经过40多年的土地强征,到2008年,新加坡的土地国有率已达到85%。此后,由于绝大部分住房改造项目已完成,土地需求不再旺盛,征地的面积也大幅减少,这使得政府有条件完全按市场价格,以相对合理的代价开展岛内基础设施和住房改造,没有引发通货膨胀或土地价格暴涨、土地囤积炒作等问题。随着越来越多的民众收入水平提高,购买私人房产的人口增加,总人口中租住公共组屋的比例也开始下降。

组屋建成了,可组屋的分配却让政府费了一番苦心。除了用于居住外,组屋还被政府赋予了其他多重功能。比如,房屋分配要有利于促进多族群的融合。早在莱佛士及其随后历任总督统治新加坡的时候,为方便管理,各族群基本上是分区居住、相互隔离的。这种状况一直持续到20世纪50、60年代,最终导致了两场惨痛的族群流血冲突。新加坡独立之后,为了建造组屋,各族群原先集中居住的棚户区和贫民窟被推倒重建,这给了政府一个重新规划族群居住模式的绝好机会。于是,为避免再次形成各族群封闭自守的状况,打破过去的种族隔离状态,政府拿出80%的新建组屋,按照种族融合、混合居住的原则,根据人口比例设定明确的种族配额,并分配给不同族群的家庭。从此,许多居民小区和楼宇住进了华人、马来人、印度人和欧洲人,大家朝夕相处,彼此适应,相互容忍,互帮互助,逐渐形成了自然、和谐、包容的种族关系。

政府赋予组屋的另一个功能是促进家庭和睦和社会互助。凡三代同堂的家庭,可以优先申请大套的住房。年轻夫妻首次购房也可以对其优先供应。希望住在亲友附近的独居老人也可优先被满足。月收入低于1500新元的贫困家庭不仅可申请较小的住房，还可获得4万新元的额外补贴。再比如，政府兴建组屋的目的不仅仅是通过廉价租赁解决民众的安居问题，更是鼓励有条件的家庭通过中央公积金制度购买房屋，变成有产者。通过让民众拥有房产来扩大中产阶层群体，促进社会稳定，增强民众对执政党的信任和对国家的认同，塑造新加坡社会的共识。

新加坡贫民窟

新加坡的“居者有其屋计划”从提出到现在，已经实施了半个多世纪。这项惠民政策让多少曾经是“上无片瓦遮身、下无立锥之地”的新加坡人有了安身之处，后来又有了房屋财产。如今，新加坡人的住房拥有率达到近9成，是全世界住房拥有率最高的国家之一。但随着经济的发展，人们对住房的需求也发生了变化，不再满足于仅仅拥有一个栖身之所，而是追求更大面积的住房、更舒适现代的设计、更优质便捷的家园。高品质的住房已经由奢望变成了必需。毕竟，拥有自己心仪的一套高品质组屋开始成为“新加坡梦”不可或缺的一部分。

但面对民众对美好生活日益增长的需求，如今的建屋发展局却显得有些无能为力，没有了曾经的魄力和远见。由于2007年政府对《土地征收法》进行了大幅度修改，获取房屋建设用地的成本不断增加，建屋发展局被迫减缓了组屋建造的速度。同时，这期间新加坡启动了扩大移民的政策。随着越来越多的移民迁入，对住房的需求剧增，加剧了房屋供不应求的局面。不断增长的刚需推动房屋价格一涨再涨，“组屋梦”离人们越来越远，大家的焦虑也越来越强烈。作为公共物品的房屋如今已蜕变成有利可图的投资工具，这严重偏离了政府住房政策的原有初衷。在 2011 年大选及后来的两次议员补选中，执政的人民行动党的支持率因此下滑。为此，政府接二连三颁布各种条例，试图遏制房价上涨势头，打击投机牟利行为。现在，新加坡关于住房政策的条例之多，连土生土长的新加坡人都被搞得晕头转向。有位新加坡作家写道：“现在买卖组屋变得像赶赴考场那样，必须经常恶补最新知识。在一轮紧接一轮的新条例出炉后，我看连房屋经纪都被搞糊涂了，因为他们好像身在云里雾里那般，常会给我不同版本的条例规章。”①

新加坡组屋

令人期待的是，继大手笔的组屋建设之后，新加坡政府正在规划和建设更大手笔的组屋项目，作为未来公共住房的典范。在 2018 年新加坡国庆献词中，总理李显龙为新加坡人构筑了一个全新的住房梦：一种集住房、教育、医疗、生活、社交、运动、娱乐、花园为一体的超级住宅综合体——“现代垂直甘榜”的海军部村庄（Kampung

---

① 李慧敏：《成长在李光耀时代》，北京时代华文书局 2014 年版，第 69 页。

Admiralty),以满足新加坡社会老龄化的需求,鼓励居民和家人相聚,共建和谐社区。李显龙如此憧憬道:“海军部村庄的一天是什么样的?许多居民都是祖父母,他们的成年子女住在附近。每天早上,年轻的父母都会送孩子到这里的儿童保育中心,祖父母晚些时候会接走孩子。老人们在社区花园与他们的朋友一起打太极或搞园艺,或去医疗中心做定期检查。放学后,祖父母将孩子带到小贩中心吃东西,或带到操场上玩耍。如果下雨,孩子们可以在社区广场玩耍,或者在祖父母的家中小睡一下。下班后,年轻的父母可以在 FairPrice 超市购买新鲜杂货,为全家准备晚餐。海军部村庄是一个高层建筑,居民外出与家人、朋友和邻居交往从不离家太远。”除了为老年人设计的海军部村庄外,建屋发展局还将为年轻人提出其他创新住房理念,打造富有新加坡特色的公共住房。

政府很厉害

失业、房荒、社会动荡、经济停滞,旧殖民地的一个个沉疴痼疾在执政的人民行动党手中迎刃而解,新加坡的面貌日新月异。罢工、骚乱、黑帮、犯罪、贪腐、贫困、文盲、高失业率和族群冲突,这些在20世纪50年代以前新加坡最常见的现象,如今已成为人们模糊的记忆。政府在发展经济、改善民生、管理社会等方面亲力亲为,殚精竭虑,甚至有时近乎专制,渐渐地让新加坡人产生了这样一种思维定式:凡事靠政府,政府很厉害。

那么,强势的新加坡政府是秉持什么样的执政之道来进行小邦大治的呢?

这还得从新加坡国父李光耀的治国理念谈起。

他的第一个治国理念是管理得靠精英。他常把新加坡比喻成"马来大海里的虾米",既渺小又孱弱。这样一个蕞尔小国要想生存和发展,必须时刻保持强烈的忧患意识,必须比邻国治理得更有条理,更有组织,更有效率,更有竞争力。可谁有这份治国理政的能耐呢?当然是少数精英分子,包括政治精英、行政精英、知识精英和基层精英。治国者必须是最优秀的人才,人民行动党就是一个由留学归国人士和专业技术人才组建的精英式政党,李光耀本人及新加坡的第一代领导群体就是这批精英的典型。李光耀曾宣称,独立的新加坡是依靠约150个人的能力、动力和奉献精神创建起来的。20世纪80年代,在谈到新加坡人才匮乏的严峻形势时,他还举过一个关于珍宝飞机的比喻:如果把整个新加坡社会最能起中流砥柱作用的300人都集中在一架珍宝飞机上,可这架飞机不幸坠毁了,整个新加坡社会必将瓦解。

可精英从何而来?

首先是通过严格的选拔和培养制度造就精英。从小学三年级开始,新加坡青少年就要经过一关又一关的淘汰考试,此制度大浪淘沙似的把堪大用之材和无大用之辈区分开来,按照研究型和职业型人才进行分流分类培养。此外,还推行精英学校制度,筛选出小学和中学中0.5%的特优生进行专门培养。进入高中阶段,成绩优异的学子若有幸被政府公共部门看中,就会获得各类政府奖学金出国深造,正式步入精英队伍的候选行列。除了学校培养之外,通过行政部门发现和培养精英也是最行之有效的办法。新加坡公务员队伍有6万人左右,都是经过严格的公务员考试选拔出来的。他们当中,有的是在大学毕业后先做3—4年的助理,再根据工作表现决定能否升迁;有的则在高中阶段就进入政府的“法眼”,由政府提供奖学金,毕业后直接成为常务秘书,步入众人羡慕的仕途进阶。这些“精英中的精英”在全国只有300人左右。这些行政精英和基层精英经过长时期行政工作的磨炼,佼佼者还可成长为政治精英,进入国家领导人行列。新加坡第二任总理吴作栋就是一个由行政精英成长为政治精英的成功典范。据他透露,当他还是一名年轻公务员时,对政治本无兴趣,曾经想辞职加入石油公司。时任副总理的吴庆瑞知道后,致电给该公司主席,要求对方不要录用他。吴作栋说,吴庆瑞当时并不认识他,但他向来密切关注年轻公务员的表现,创造机会让有潜力的年轻人不断成长。吴作栋表示:“对我而言,吴博士影响了我的一生。”

除了政治精英和行政精英外,李光耀还十分强调知识精英的选拔、培养和引进,尤其是法律、经济、商业、公共管理、学术、新闻、城市规划、科技、军事等领域的拔尖人才。这些人个个都是建设国家、发展经济、管理社会的行家里手,他们做出的决策科学合理、行之有效、可操作性强,很少有失误的地方。李光耀认为,“治理国家不能像拍电影那样,拍得不好重新来”。以2012年李显龙任总理的那一届内阁为例,18位部长中,1人是律师,1人是私人医院专科医生,6人曾是军官,其余10人全是修读经济或工程学科的专业人士,超过一半的部长曾是政府奖学金的得主。这些人不仅熟谙西方先进的管理经验和相关领域的专业知识,而且还具有丰富的基层实践经验。为了吸引最优秀的人才到政府工作,新加坡采用高薪政策,比如政府规定,内阁部长的年薪与金融、会计、制造、工程、法律、跨国企业等6个行业的最高年薪挂钩。

李光耀的第二个治国理念是为政须得人心。治国的真谛在于得人,“人存政举,人亡政息”,中国传统的儒家思想对他的影响颇深。早在1959年人民行动党竞选自治邦执政权的时候,他就联合具有广泛民众基础的共产党和左翼力量,提出了许多深得民心的竞选口号,赢得了普罗大众的选票。执政之后及国家独立以来,尤其是在连续执政了半个多世纪之后,人民行动党仍坚持自己“心系民众,关怀草根,为人民而行动,建立公平公正社会”的执政理念,非常注意扎根基层,融入民众,始终如一地把民心向背作为衡量自己执政成效的标尺,设计了许多独具特色的制度,避免党和政府高高在上,罔顾民情。在一次研讨会上,李光耀曾把城市中的建筑、道路、工作生活和游乐设施等比作人的骨架,而居住在里面的民众就是肉体。如果没有一个广布的神经网把肉体与中枢神经系统连接起来,中枢神经系统就无法感知所有的快乐或痛苦,冷热、宁静或紧张,以及嘈杂声，这个肉体也就只是丧失了活力的一团肉，不可能有肌肉那样的感应性。如果有了一个广布的协调神经网，肉体就会变成能够照顾身体的肌肉了。①

李光耀谈到的“神经网”，是指人民行动党于20世纪60年代初建立的、之后逐步加以完善的人民协会网。当时，左翼的社会主义阵线宣布退出人民行动党，导致人民行动党基层组织轰然坍塌，基层工作全面瘫痪。在吸取了这一次惨痛教训之后，人民行动党以英殖民地当局留下的28个社区中心为基础，苦心经营近10年时间，建成了遍布全国的190个社区中心，亦称“民众联络所”或“民众俱乐部”，覆盖新加坡全体国民，成为不同种族、语言、宗教、年龄和收入群体的聚集场所。在这里，人民行动党一方面可以了解舆情、民情、社情，另一方面也为其领导层提供向民众解释官方政策的途径。这些社区中心都有固定的活动场地，配有广播设备和电视机，中心可以运用新加坡广播系统，开展宣传活动，培育新加坡人的国家意识和公民素质。

目前，经过不断的整合，新加坡设立的社区中心调整为107个。每个社区中心服务15000户人家，约5万人，最高领导组织是公民咨询委员会。主要职能是吸纳党和政府的基层领导参加，负责规划和领导选区内的重要基层活动；向选区民众做政策咨询、政策执行前的解释和动员；监督地方援助项目，组织大型筹款计划和全国性运动等；特别是负责举办各民族节日庆祝活动，展现了新加坡多元文化的魅力。

社区中心的中间组织包括居民委员会、邻里委员会或社区

---

① 李光耀：《第三届民众联络所管委会研讨会上的发言》，1978年4月14日。

发展理事会。公共组屋区设居民委员会，每1600户设1个，目前共有550个；私人住宅区设邻里委员会，目前有104个；全国5个地理区各设1个社区发展理事会，主持社会援助和社会服务事务。除了促进睦邻关系、宣传和谐精神和提高社区凝聚力外，居民委员会和邻里委员会最主要的功能是负责向政府部门传达居民的日常生活需求和愿望，将居民对政策的意见和建议反馈给政府，同时也负责向居民传达政府的信息，起到上情下达的作用。

但是，社区中心光有活动场地和少数几个负责人的热心张罗还不够，如何聚集人气，让广大民众积极参与其中是人民行动党更关心的。为此，人民协会把各种民间社团、宗乡会馆、商会、休闲俱乐部、文化艺术和社交团体，以及妇女执委会、马来族执委会、印族执委会、青年执委会等各种执委会统统吸引进社区中心，组建了1800多个最基层的组织，向民众提供法律援助、政策咨询、困难救助，以及各种休闲活动，如健身房、台球室、茶室、收藏室，组织聚餐、节日庆祝、歌咏比赛，开办中英文识字班、儿童音乐、绘画、电脑、健美、舞蹈、缝纫、烹饪、电器维修等培训班。人民行动党甚至还在全国的社区中心举办了近400家人民行动党幼稚园，让六七岁的儿童穿上印有红色圆圈、蓝色闪电的人民行动党党徽的校服，让幼小的心灵因为接受人民行动党的"阳光雨露"而感到自豪。

李光耀的第三个治国理念是实用至上。治国的真谛在于成事，要得人心，必先成事。早年，人民行动党在成立之初就高举社会主义的旗帜，却摈弃了社会主义的意识形态和公有制，只选取其中的集体主义、威权主义和全能政府的成分，即所谓"管用的社会主义"，强调实干甚于意识形态。鉴于李光耀对社会主义的"误用"，社会主义国际（及第二国际）于1976年开除了人民行动党，为此，李光耀还组织人马写了一本书《管用的社会主义:新加坡模式》，为自己辩护。针对西方宣扬的民主、自由和人权，李更倾向于实施“有指导的”民主，认为民主是手段而非目的，民主应服从于社会的整体利益，有利于社会的稳定和秩序，这样才能更好地服务于经济发展和行政效率的需求。换句话说，民主就是亲民、护民，但不一定听取民意。他以儒家的观点看待自身，把自己看作是慈爱的统治者，他对人民来说亦父亦师，他建立了明智的政府，行善政。他认为，西方以“民主”为名的对抗性党派政治没有必要，正如人民行动党创始人之一的拉惹勒南所说:“反对党的作用就是，肯定会让政府变坏。”新加坡国立大学东亚研究所的王赓武教授认为，李光耀所信奉的民主其实是“党国民主”，“这是一个以政党为中心的国家，虽然它有迈向民主的目标和理想，但是，总认为无论国家的稳定和强盛，还是百姓安居乐业与否，靠的是政党来集中权力。同时，这样的党国体制，领导阶层本身需要果断的能力，建立威信，才可管理有方，甚至比个人自由和个人的政治权利重要”①。与西方以选举为核心的自由民主制不同，李光耀所坚持的民主强调的是“治理化的民主”，是能够确保政府有效能、干成事、不扯皮的民主。

李光耀实用至上的理念还体现在国家法治体系的建设上。为确保国家稳定、发展和安全的需要，执政的人民行动党出台了许多针对性很强的“重典”和“苛法”，有的甚至被人抨击为“恶法”。比如，针对建国之初频发的罢工活动和左翼工人运动，政府颁布了《内部安全法令》和限制罢工、约束劳工的新劳

---

① 王赓武:《“党国民主”与三代海外华人的进与退》，《中国台湾“中央研究院”近代史研究所集刊》第 67 期，2011 年 3 月，第 1 页。

工法，对“危害国家安全”的嫌犯可不经审判直接逮捕，即所谓“预防性拘役”。为防止媒体发布不利于国家利益和社会安定的言论，政府出台了《报章与印刷法令》《诽谤法令》《煽动法令》《官方机密法令》《媒体发展局法令》《不受欢迎出版物法令》等一系列法律法规，与传媒机构约法三章，确保媒体对国家和社会责任的担当。针对国家大兴土木但征地困难的问题，政府制定了《土地征收法》，强行低价征收建设所需用地。针对贪腐严重的问题，政府成立由李光耀直接领导的贪污调查局，颁发《防止贪污法令》《公务员纪律条例》等一系列律法，规定了极为严苛和详细的惩罚措施，可谓吏治严明。比如，环境部政务部长黄循文接受印尼商人 7 张机票携家人旅游，被撤职并判刑 4 年。曾为新加坡组屋建设立下汗马功劳并深得李光耀赏识和器重的国家发展部部长郑章远被人举报受贿 50 万新元，他写信给李光耀，希望当面解释，被拒绝后畏罪自杀。针对种种不文明陋习，哪怕在别人看来是细枝末节的小事，新加坡的法律也事无巨细，戒律繁多。比如，随地吐痰，要被处以最高 500 新元的罚款，或在劳动法令下受罚，或两者皆施。而且，也不能把痰直接吐到垃圾桶里，要吐在纸上，包好后再扔进垃圾桶。乱扔垃圾，处以最高 1000 新元的罚款，或在劳动法令下受罚，或两者皆施。嚼口香糖，最高罚款 1000 新元。公共场所抽烟，处以最高 1000 新元的罚款。上完厕所不冲水，处以最高 500 新元的罚款，或在劳动法令下受罚，或两者皆施。不按指示穿过马路，处以最低 50 新元的罚款。停车不熄火，处以最高 5000 新元的罚款。在公共场所大喊大叫，犯的是行为失检的罪名，根据杂项（公共秩序与骚乱）法令，罚款达 1000 新元，或监禁 1 个月。泼尿、造谣、刮花他人汽车等恶作剧行为，处以长达 3 个月的监禁，或罚款，或两者兼施。夏天在自家屋内袒胸露背让邻居“不小心”(哪怕是用望远镜)看到,这叫“暴露不文明物”,被告后就得坐牢。丈夫家暴,判刑6个月或罚款2000新元。虐待孩子,判刑4年或罚款4000新元,或两者皆施。曾有一名年轻母亲,因儿子顽皮,便用苍蝇拍和藤鞭体罚儿子,被控虐子罪,坐牢9个月。蹭网,根据新加坡《滥用电脑法令》,最高刑期高达3年,如2006年,一名17岁新加坡少年就因为蹭隔壁邻居的网,被判了18个月的缓刑和80小时的社区服务。墙上涂鸦屡教不改,处以鞭刑。1994年,有个名叫迈克尔·费的美国18岁青年因在新加坡的汽车上用油漆涂鸦,被判罚款3500新元,入狱服刑4个月,还得挨上6鞭。此案让美国公众和媒体震惊,甚至惊动了当时的美国总统克林顿,还差点酿成影响美新关系的危机事件。后来,新加坡法院同意把6鞭减为4鞭,算是给克林顿一个面子,但鞭刑这一古老的刑罚依然延续至今。20世纪80年代,笔者在英国留学时曾与一个新加坡学生同住一处。他说新加坡人对这种严加管制的惩罚文化是既怕又恨,凡事都是循规蹈矩,不敢越雷池一步,即便快死了都害怕被罚款,这成了新加坡人的国民特性。

李光耀的第四个治国理念是崇尚中国传统儒家思想。虽然从小接受英式教育,深受西方文化尤其是西方先进思想和管理理念的影响,但他对中国传统文化情有独钟,不遗余力地倡导国民学讲中国话,学习中国文化。他的治国理念深深根植于中国传统的儒家思想当中。他说:“儒家不是一种宗教,而是一套实际和有理性的原则,目的是维护世俗人生的秩序和发展。”他把儒家思想概括为“忠、孝、仁爱、礼义、廉耻”,并结合新加坡社会道德规范的建设需要,对其进行重新诠释和实践。

所谓“忠”,就是效忠国家,具有国家意识,具体表现为对国家要有归属感,视国家为家乡;国家利益第一,必要时可牺牲个人利益；要有集体主义精神，反对西方推崇的个人主义。

所谓“孝”，就是孝顺长辈，尊老爱幼，具体表现为重视家庭，孝敬父母。为此，新加坡还于 1995 年专门颁布了《赡养父母法》，成为世界上第一个为“赡养父母”立法的国家。比如，为鼓励年轻人关爱父母，常回家看看，政府规定，凡开车回家探望父母者，停车费一律免交，等等。

所谓“仁爱”，就是要关爱他人，友爱互助，富有同情心，避免以金钱维系人际关系。在新加坡这个多种族、多文化的社会中，仁爱更要体现在各族之间相互尊重，平等互助，共同发展，避免种族隔阂和冲突上。为此，新加坡把 7 月 21 日确定为“种族和谐日”①，并于 1990 年颁布了《维持宗教和谐法案》。

所谓“礼义”，就是以礼待人，讲求信义。礼是确立人与人之间的秩序与和谐的一套行为规范，而义则要求在待人接物时要真心实意，坦诚守信，这是信用社会的道德基础。新加坡人的礼义教育从小学就开始抓起。比如小学三年级就开设了“好公民”课程，其教材中就有这样一课：

客人来了

客人来，找妈妈
我请客人坐下
给客人倒茶
然后静静地做功课
不碍客人和妈妈说话

一会儿

---

① 1964 年 7 月 21 日，新加坡爆发了有史以来第一次严重的族群冲突。为了让民众不忘这一血的教训，新加坡政府把这一天确定为“种族和谐日”。

客人要走了
客人说再见
我也说再见
希望常见面

课文之后还设计了讨论题,比如:(1)哪些客人到过你的家?(2)有客人来你家,你该怎么说?怎么做?(3)如果哥哥出门了,刚好他的朋友来找他,你应该怎么说?怎么做?等等。像这样把抽象的道德说教融入具体的场景中进行教育的例子还有很多。

所谓“廉耻”,就是要廉洁奉公,防止腐败,树立是非观和知耻心。廉是建立清廉高效政府的基本要求,耻是构建清廉社会的道德基础。人民行动党党旗上的白底色,以及政府官员清一色的白衣白裤党服,都是在宣示对廉洁的追求。为防止和惩治腐败,新加坡专门成立了贪污调查局,局长和副局长均由总理直接任命,只听总理调度。1991 年又通过《民选总统法令》,赋予总统监督、制衡政府的重要职权。这样,哪怕是总理不同意对某位部长展开调查,总统还是可以授权贪污调查局启动调查。贪污调查局的局徽图案是一朵亭亭玉立的金黄色荷花,一柄利剑从花正中穿过,露出锋利的剑刃,其寓意不言而喻。1960 年颁布、1985 年重新修订的《防止贪污法令》规定,贪污调查局具有很大的权力,如逮捕权、调查权、搜查权、获取财产情报权、不明财产检查权,执法也相当严明,雷厉风行,铁面无私,95%的贪污案在 3 个月内就完成调查。比如 1991 年,曾因惩治 7 大商业犯罪案而获“杰出公务员”称号、被誉为“商业罪犯克星”的商业事务局局长格林奈却因两件“说谎罪”而受到法律严惩。第一件事是他曾向财政部申请了一笔购买新汽车的贷款，实际上却是用来还一辆旧车的欠债，被判为用误导性文件诱骗贷款。第二件事是他在某印尼商人未签约购买新加坡房产时，两次对新加坡公共汽车公司谎称该商人已签约购买，劝说汽车公司也投资300万新元与其合作。这两件事虽然在一般人眼中算不了什么，甚至有人认为这只是正常的商业技巧，但贪污调查局仍判处他坐牢3个月，开除公职，永不录用。他不仅丢了每月2万新元的职位，同时失去了50万新元的公积金和30万元的退休金。用李光耀的话说，就是不仅要让违法者倾家荡产，更要让他们身败名裂。

但是，在新加坡倡导儒家的伦理道德观念却引起了非华裔族群的质疑和反感，他们认为政府是要把华人的传统价值观强加在自己身上，导致自身文化和价值观的消亡。为此，从1988年起，政府在吸收儒家核心价值观念的基础上，提出了能囊括亚洲各种族价值追求的“亚洲价值观”，包括集体优于个人，崇尚勤俭、信义、诚实、理性，服从权威，刻苦耐劳，重视家庭，重伦理，重教化，重权威，重秩序等观念。1991年，政府又在此基础上，发布《共同价值观白皮书》，提出了反映新加坡国家价值观的“五项共享价值观”：国家至上、社会优先；家庭为根、社会为本；关怀扶持、同舟共济；求同存异、协商共识；民族和谐、宗教宽容。曾有人提议把信奉上帝也包括进来，但被政府否定了，理由是这与世俗社会的性质不协调。

李光耀的治国理念对新加坡的执政之道产生了巨大的影响，也塑造了新加坡颇具特色的国民特性。如今，越来越多的新加坡人发现，政府“太厉害”，使得整个社会失去了参政议政的动力，新加坡人渐渐养成了遵守指令、循规蹈矩的习惯。虽然这个国家度过了全球的经济衰退的危机，经受住了地区政治变迁的考验，但它的领导人却发现，要激励新一代人勇于应对当今世界的种种危机，变得愈加困难。新加坡人已经产生了依赖的心理，理所当然地认为政府是全能的，有事就去找政府。强有力的领导创造了一个遵纪守法、秩序井然的社会，但付出的代价是，人们缺乏独立自主、攻坚克难的精神和干劲。“在新加坡，文明拥有的是智识上的遵从一致，而不是积极探索的精神，两方面统合在一起，造成了一种压抑的气氛，人们在智识上充满惰性，思想停滞不前。”①

人民行动党党徽

① 康斯坦斯·玛丽·藤布尔著，欧阳敏译：《新加坡史》，中国出版集团东方出版中心 2016 年版，第 444 页。

语言之争

语言,政治的工具,令新生的共和国头痛。

马来语是新加坡的国语,但马来人在新加坡是少数民族。英语是国家经济发展和现代化必需的语言,却又蕴含着太多不堪回首的殖民记忆。华语(即普通话)是华人学校使用的媒介语,但日常生活中华人却极少使用。方言是华人的最爱,但谁会把客家话、潮州话、闽南话、广东话或海南话定为国语?

如果说,1956 年新加坡把马来语定为国语,是出于新马合并的需要,那么,1965 年被马来西亚分离出来后,华人居多的新加坡为何依旧要保留马来语的国语地位呢?

这个尖锐的问题是中华总商会的一位名叫康振福的董事向李光耀提出的。新加坡独立伊始,他以“新加坡华人占 80%”为由,要求政府“把本国人民应用最广泛、最普遍通行的华语华文,明确列为政府的工作语文”。另一位董事郭佩弦也提出:“如果在宪法上不能给华文华语订定一个地位,那么英语至上的观念将继续存在。”

可此时李光耀想到的,却是另一个刚独立的国家斯里兰卡(旧称锡兰)的血腥教训。以前,在英国的殖民统治下,这个国家的僧伽罗人和泰米尔人都将英语作为彼此交流的共同语,相安无事。但独立之后,占人口 80%的僧伽罗人把自己的语言确立为国语,占 20%的泰米尔人觉得受到了排挤和歧视,于是诉诸武力,使这个国家长期深陷恐怖袭击和社会动乱之中。在李光耀看来,“这种制造麻烦的行动,新加坡政府是绝不容许的”①。

新加坡人除一部分当地土著居民外,大部分是数百年来从亚欧地区陆续迁移而来的移民及其后裔。这些人逐渐形成了四大族群:华人(74.2%)、马来人(13.3%)、印度人(9.1%)和欧亚混血(3.4%)。其中,华人主要来自中国的福建、广东和海南省,有闽南人、潮汕人、广府人、莆田人、海南人、福州人,以及华人与马来人通婚的后代峇峇、娘惹②等。李光耀的曾祖父李沐文就是客家人,祖籍在广东省大埔县唐溪村。四大族群所使用的语言分别为华语、马来语、泰米尔语和英语。

早在殖民地时期,为便于分而治之,当局采取分族群集中居住的方式,每个族群的居住地成为文化相对封闭的社区。用李光耀的话形容,四大族群就像“水族馆里不同种类的鱼,虽然近在眼前,其实是分开来,互相不闻不问的”③。当局对各族群的语言也采取放任的态度,只要维护好英语的统治地位就行了。官方举办的学校只把英语作为教学语言,各族群的母语(包括各种方言)则作为生活用语,任其自生自灭。

为保全各自的母语和文化传统,各族群尤其是华人,自发地捐建了一些母语学校,把自己的后代送到这些学校学习母语,希望以此来传承各自的文化与传统。因此,独立前的新加坡出现了许多华语、马来语和泰米尔语学校,专门招收本族人的子女就读,所使用的教学语言也是单一的某一族群的母语,

---

① 李光耀:《李光耀回忆录:我一生的挑战——新加坡双语之路》,译林出版社 2013 年版,第 32 页。

② 古代中国移民与东南亚土著马来人结婚后所生的后代。男性称为峇峇(Baba),女性称为娘惹(Nyonya)。

③ 同①,第 51 页。

这就形成了一种世代相传的语言和文化与其他族群文化相隔绝的社会现象，这也是独立后的新加坡面对的又一棘手的问题。“语言问题一直是新加坡模式中最摸不到出路的迷宫。这个问题并没有跟建国初期的就业、房屋问题一样随着国家政策和经济发展而基本得到解决，至今仍是个纠缠不清的争议性课题。”①

围绕这个问题，李光耀受到的诟病也是最多的。在他看来，确定什么样的语言政策，不仅要顾及新加坡的族群关系和社会稳定，更要考虑到地区局势和世界大势。首先，在以马来亚-穆斯林居多的东南亚，新加坡仅仅是马来海洋中的一个华人岛屿。如果在文化上不愿意融入东南亚，在观念上拒绝培育马来亚意识，不能与邻国和睦相处，而舍近求远去仰仗母国，唯华语独尊，把新加坡建成所谓“小北京”“小南京”，那是自寻死路。新加坡南洋大学由盛而衰的命运就是一个很好的例证。再则，“二战”以后，随着美国及其盟友的强大，加上英国旧有的讲英语的殖民地遍布全球，英语在国际政治、经济、文化交流中的地位越来越重要。新加坡立志要成为全球国际贸易中心，英语是非常重要的语言，不能因为摆脱了英国殖民统治而放弃英语，殖民主义是罪恶的，但英语无罪。因此，对于四种语言，政府采取平等对待的政策，并准备把英国确定为通用的行政语言。

但是，新独立的共和国居然要把殖民者的语言仍旧作为通用的行政用语，这简直就是冒天下之大不韪。

1971 年 2 月，《南洋商报》发表了两篇讨论语言问题、鼓动

---

① 李慧敏：《成长在李光耀时代》，北京时代华文书局 2014 年版，第 29 页。

种族情绪的社论，在《华文的前途如何？华语的前途如何？》一文中，作者讽刺政府的语言政策：“四种语文一律平等当中，居然有的语文逐渐越来越比其他几种‘更平等’。”在另一篇题为《谁是“沙文主义”?》的社论中，作者李星可(《南洋商报》的总经理、总编辑、发行部经理和主笔)要求政府用华文出版宪法，因为这是大多数人使用的语言，还谩骂政府是“数典忘祖的二毛子”①。这些言论被政府视作是在利用语言问题混淆视听，分化人民，鼓动族群暴乱，如任其发展，定会“导致社会的颠覆和国家的沦亡”。因此，必须坚决果断地予以制止。政府随即以“蓄意”发起“一场煽动华人民族情绪的运动”为罪名，逮捕了李星可。当时，李光耀正在芬兰赫尔辛基参加国际报业协会大会，有记者质问他逮捕媒体人是不是在压制新闻和言论自由，李是这样回答的：“撰写社论的李星可送五个儿子到澳洲受教育，我的子女全在新加坡接受华文教育。任何人说我数典忘祖或要扼杀华文教育和文化，对我都是危险的。……报纸的自由，大众媒体的自由，必须服从于新加坡国家完整统一这一更高的需求，服从于民选政府目的的优先性。”②

正如李光耀所说，他对华语和中华传统其实是很看重的，尤其是儒家传统道德的那一套思想观念和行为规范。人民行动党制定的语言政策，就是把英语作为在一个以国际贸易为主的社会中必不可缺的谋生语言，把母语作为各种族传统文化价值观的传承语言。要求学校的学生全体学英语，为的是能在今后的就业市场上公平竞争，因为几乎所有在新加坡的企业和单

① 李光耀：《李光耀回忆录：我一生的挑战——新加坡双语之路》，译林出版社 2013 年版，第 33 页。

② Lee Kuan Yew at the International Press Institute, Helsinki, 9 June 1971，转引自康斯坦丝·玛丽·藤布尔《新加坡史》第 438 页。

位都要求员工用英语工作；要求不同种族学生学习自己的母语，为的是以各民族的传统价值观和文化语言为根基，培养民众的文化归属感，不至于陷入迷失状态。用李光耀的话说，学习母语，具有“了解自己种族的文化历史，建立文化底蕴，能在人前信心满满，有了抬头挺胸的底气的作用”①。

按照人民行动党的这一语言教育理念，新加坡开始在英、华、马来、泰米尔四种语言的学校中改变原来单一语言教育的模式，推行第一语文与第二语文并重的双语教育，改革学制，均衡教育资源，增加语言师资，设立新加坡考试局，统一四种语言的中小学考试，其目的是培养出既掌握英语又懂自己母语或更多语言的人才。

在新加坡，华文学校是最多的，而且对政府的语言教育政策最不理解的也是这些学校及其背后的华人群体。有家长质问，为什么在英国人统治时期，他们的子女能从小学到大学完全接受华文教育，而在自己民选的政府管理下，却必须学习英语。在殖民地时期，由于当局根本不关心华人子女的教育问题，许多华校都是靠华人自己捐款捐地兴建的，得不到政府的任何拨款，办学设施和师资力量很差，有的学校甚至还遭到政府的歧视、限制和打压。但正是这样的逆境培养出华校坚守华语教育的顽强情结。最典型的就是南洋大学。至今，还有许多老一辈新加坡人对它不幸的命运扼腕叹息。

1956 年以前，新加坡没有一所华文大学。英国殖民地政府对华人子女的升学之路是漠不关心的。华人子女读完华文小学和中学后，除非家境富裕且掌握英文，可以出国上学或上马

① 李光耀：《李光耀回忆录：我一生的挑战——新加坡双语之路》，译林出版社 2013 年版，第 29 页。

来亚大学外,普通华人家庭的子女是没有大学可上的。特别是1949年中华人民共和国成立以后,殖民地当局不允许华人中学毕业生去中国读大学,规定凡去中国读书的新加坡年轻人,将终身不准返回新加坡。那个年代,在码头上常常会看到一心求学的热血青年与父母家人生离死别的场面。1950年,新马两地的华人族群萌生了创办华文大学的想法。福建籍商人陈六使率先捐资500万元,福建会馆也捐出500多英亩的树胶园作为校址,兴建东南亚第一所华文大学。消息一出,东南亚华人群情振奋。在新加坡,名商巨贾,小商小贩,以及出租车司机和舞女,纷纷慷慨解囊。有1000多名三轮车夫“义踏”,舞女“义舞”,饿着肚子为学校筹款。学校于1956年3月15日正式开学,但到1958年3月30日才举行校舍落成典礼。据说,典礼当天原来只请了2000名宾客,但观礼的人竟超万人,把从市区通往学校的那条12英里长的乡村公路堵得水泄不通。前去主持开幕仪式的英国总督的车,即使有警察开道也寸步难行,足足迟到了两个小时。典礼结束后,总督、大法官和政府其他要员还被堵在校园内,致使当晚原定在城中举行的一次重要官方活动被迫取消。对于这一壮观的场面,今天的新加坡作家是这样理解的:“我们许多人的祖父母辈都可能是目不识丁人群中的一员,也根本没机会体验读书的乐趣。即使大学建成了,他们也不可能有机会踏入这个教育殿堂接受教育。可是他们却愿意把辛苦积攒的钱慷慨捐献出来。他们这么做,……不就是为了给我们这一代又一代的子子孙孙以希望吗?……不就是因为希望我们能够继续紧紧联系母族文化,希望我们有机会接受大学教育摆脱贫穷，站在更高的高度上昂首挺胸面对未来吗？"①

从创建伊始，南洋大学就把华文教育作为其神圣不可更改的办学宗旨。用当时南大理事会主席黄祖耀的话说："南大作为华文教育系统中的最高学府的地位是牢不可破的。……南大永远是新加坡的华文大学，南大始终保持以华文作为其主要的教学与行政上的媒介。这个原本宗旨，永远不变。"这一办学宗旨深得东南亚华人的认可，纷纷把自己的子女送到南大深造。一时间，南大成为华人子女接受华文高等教育、继承中华传统文化的殿堂。

陈六使的襄学义举却触犯了当时东南亚地缘政治的禁忌。中华人民共和国成立之后，冷战进入新时期，英、美、新、马来、泰和印尼等国政府最担心的是中国会利用自己的文化影响力，渗透华人族群，"赤化"整个东南亚。因此，由亲中国的商人举办的南洋大学自然被他们视作是一所培养东南亚亲中分子的大学，从一开始就进行打压，不提供办学经费，不承认学历。在新马合并期间，马来西亚政府还以肃清共党分子为名，派出上千警察，对南大进行长达 6 小时的大搜查，逮捕南大学生，甚至还取消陈六使的公民权，印尼和泰国也限制本国学生报考南大，还限制他们回国工作。

南大坚持以华文为主要教学语言的办学宗旨，是与人民行动党所倡导的多语种平等的国策格格不入的。尽管政府提出只要南大采纳双语教学的建议，政府就可以给予与其他大学同等的资助，并于 1968 年承认了它颁发的学位，但直到 20 世纪

---

① 李慧敏：《成长在李光耀时代》，北京时代华文书局 2014 年版，第 81 页。

70 年代，南大仍拒绝成为一所双语并重的大学。由于南大坚持以单一的华语进行教学，学生的英语能力自然不强，而新加坡作为国际贸易中心，雇主大都不愿聘用英语不好的南大毕业生。此外，为选拔培养精英人才，新加坡政府设立了奖学金，把华文中学的优等生送到国外学习，许多家境较好的华人家庭也选择送子女去国外深造，南大的新加坡生源因而持续萎缩，从 1959 年的近 46%下降到 1977 年的不到 11%。学校不得不一再降低入学门槛，却又导致了学生质量的滑坡。再加上缺少办学资金、管理不善等原因，南大苦苦支撑到 1980 年，最后在李光耀的力主下，被迫与新加坡大学合并，成立新加坡国立大学。历经 25 年的风雨，南洋大学最终黯然淡出历史，新加坡的华文教育也不可逆转地走向衰落。

南大校门牌坊上的四个大字“南洋大学”是著名书法家、国民党元老于右任题写的，至今还矗立在城里的一片住宅区内，已被新加坡政府列为国家保存古迹。据说，当时政府本想找人来拆除这块牌坊，贴出了公开招标的告示，可广告刊登后却迟迟无人响应。也许是没有谁敢来背负这个历史的骂名吧。

从南洋大学的遭遇，可以看到新加坡在探索符合本国实际的语言政策时所经历的困境和付出的代价。但更大的代价正等着整整一代的年轻人去承受。

新加坡政府依照“四种语文源流平等对待”的原则，在各语文源流的学校中大力推行双语文教学，加大英文教学的分量。但在实施了近 20 年语文教育改革之后，成绩却令人沮丧。

首先是退学率极高。由于双语、数学和科技等课程负担过重，导致许多小学生中途退学。每 1000 名小一学生中，平均有 206 名在未获任何有用的学历证书和技能之前，便退学离校。这些人进入社会后，因信心受挫，加上缺乏谋生技能，极易走上少年犯罪的道路。其次是淘汰率惊人。1974 年度全新加坡 71049 名小学生参加统一组织的毕业考试，只有 42152 名及格，及格率 59.3%。六年的小学教育，只有不到 60%的学生可以进入中学，40%惨遭淘汰。从 1975 年到 1977 年，第一语文和第二语文都不及格的学生在小学会考中占 62%，在 O 水准会考中占 66%。这表明，超过 60%的学生的一门或两门语文均达不到通晓水平。最后是英语运用能力低下。1975 年新加坡国防部对英文学校中学会考及格的国民服役人员进行英文识字测试，发现只有 11%的人能用英语应付日常生活需要。在国防部进行的另一项英文程度测试中，英文学校的学生及格率为 64%，还勉强过得去，但华文、马来文、泰米尔文学校的学生及格率仅有 4%，可谓惨不忍睹。

严峻的现实让政府感到震惊，以至于到 1975 年，政府内阁中竟无人愿意担任教育部长一职。李光耀只好亲自出马，兼任了 4 个月的教育部长。

这 4 个月让李光耀对先前制定的“四种语文源流平等对待”的语文教育政策有了深切的反思。他认识到，这个政策更多的是出于弥合不同语言群体间的鸿沟、平衡各族群关系的政治的考虑，而违背了教育的自然规律。他请时任副总理兼财政部部长的吴庆瑞博士再次出马，对实施了 20 年的双语教育进行考察并提出调整意见。1978 年，吴开始兼任教育部长，第二年便递交了《吴庆瑞报告书》。

报告书指出，1959 年至 1978 年新加坡实施的双语教育是“不合自然规律的”，学生辍学率居高的主要原因是“以单一的教育制度来强制能力参差的学生，使用在家庭不用的语言（进行)教学”①。当时在新加坡,所有学生,不论是进入英文学校还是其他语言的学校,都必须接受双语并重的教育,但这些学生一回到家,说的却是方言。比如对一位华文学校的学生来说,在学校里他必须学好华文和英文,但回到家,他的语言环境可能是客家话。因此,在这么复杂的语言环境中,双语并重教育很难取得预期的成效,甚至会导致两种语言都学不好的状况。报告书建议采取以英文为主、华文为辅的分流教育制度,即把英文和华文分为两个等级,由家长根据学生的实际能力自主选择。语文能力强的学生可选学英文第一语文(EL1)和华文第一语文(CL1);中等及以上的学生可选学英文第一语文(EL1)和华文第二语文(CL2);没有能力学习两种语文的学生,只选学英文。另外,报告还建议降低华文第一语文和第二语文的难度。

南洋大学校门

《吴庆瑞报告书》为新加坡此后的基础教育发展定下了基

① 李光耀:《李光耀回忆录:我一生的挑战——新加坡双语之路》,译林出版社 2013 年版,第 50 页。

调。1986年底，继泰米尔文小学（1976年关闭）和马来文小学（1982年关闭）之后，最后一所华文学校也因招不到足够学生而被迫关闭。从1987年起，新加坡全国的学校统一成为以英文为第一语文、母语为第二语文的“国民型学校”。此后的近30年，政府又陆续针对作为第二语文的华语教育推出了多项改革方案，如1992年的《王鼎昌报告书》，1999年的《李显龙华文教学新政策》，2004年的《黄庆新报告书》，2011年的《何品报告书》。这些方案对华语的分流教育制度都做了进一步的细化，在教学的内容、方法和考试上更加重视分层教学、因材施教、量身定制、注重实用的原则，其目的是让学生对华语“乐学善用”，但又不至于干扰他们对第一语文英语及其他科目的学习和掌握。

分流教育制度看似是为了因材施教，减轻学生负担，实则是更强化了英语作为主要语言的地位，把华语和其他语言彻底地置于从属的位置。至此，历经了20多年的语言之争终于尘埃落定。

32年的运动

什么运动需要在新加坡持续开展32年之久?

“讲华语运动”。

什么“陋习”,什么“时弊”,需要这个国家倾全国之力、劳全民之众,以一场石破天惊、声势浩大的运动来加以整治和改变?

讲方言。

从近20年语文教育改革的失败中,新加坡教育部总结出两条教训:一是双语并重不切合学生实际,二是方言严重影响华语教育。

新加坡早期华人大都来自中国南方各省的乡镇,各自都说着不同的方言。有研究称,新加坡华人族群所使用的方言有12种以上。这些方言代代相传,成了一种自然的文化传承,也筑起了一道道方言的壁垒,形成不同的方言社群,如广东人聚居的牛车水区,琼州人聚居的海南街。讲同样方言的华人同声同气,往来密切,渐渐又形成帮派,如福建帮、潮州帮等。帮派之间常有隔膜,相互排斥、对抗。在殖民地时期,甚至还发生大规模群殴、械斗等流血冲突,让殖民统治者头痛不已。在新加坡政府看来,方言起着分裂华人社会的负面作用。

除此之外,方言还严重地干扰了政府力推的英、华双语教育。学生只是在学校的课堂上学习华语,下课之后就弃之不用了。华语成了一种仅仅是为了考试的语言。据1975年的统计,在接受英、华两种语文教育的中小学生中,有85%的学生在家里说的是方言，在学校以外的日常生活和人际交往中也是使用方言。1980年新加坡人口普查第一次调查了本国人使用语言的习惯，结果表明：5岁以上的华人，有87%是用方言来和父母交谈的，只有7.5%用华语，5.2%用英语。对巴士服务人员的调查显示，华族售票员与华族乘客也多以方言交流为主，其中福建话占75%，其他方言占13.2%，用华语的仅占3.6%。对商贩的调查显示，使用华语与顾客交谈的只占1.2%。这种方言流行的语言环境成为阻挠英、华双语教育的"罪魁"。

其实，双语教育的实施已经削弱了华语的地位，越来越多的人开始学习和掌握英语，因为他们认为这是谋生的语言，而华语没有"经济价值"。方言的流行更加让华语没了市场。但政府认识到，在新加坡流行的方言中，无论哪一种都不成体系，是各种词语混合在一起的"杂碎"，这种混杂的语言没有文化根基，许多词汇和表达粗糙、低俗，转瞬即逝，因此不会有生命力。而华语有着几千年中华灿烂文化的底蕴，体系完善，多姿多彩，不断吐故纳新，有很强的生命力，是新加坡人构建自身文化特性及文化价值观的基础。用李光耀的话说："新加坡人要发展，必须选择一种有价值、高素质的语言。……华语是一种充满活力的语言，它不但能传递文化价值观，同时也能为我们带来无限的新机遇。""华语是唯一能团结新加坡华族的语言。"①

于是，放弃方言，代之以华语，成了新加坡人无可奈何却又必须做出的痛苦选择。政府为推广华语确定了两个预期目标：一、在5年内，所有的新加坡年轻人，包括大中小学生和刚离开学校的毕业生，都放弃方言，转而讲华语。二、在10年内，华语

---

① 李光耀：《李光耀回忆录：我一生的挑战——新加坡双语之路》，译林出版社2013年版，第122—123页。

连同英语和马来语成为咖啡店、小贩中心、商店、戏院、体育馆、图书馆等公共场所的通用语。同时还推出了三个“十年计划”，第一个十年(1979—1989)的目标是“以华语取代方言，以华语为华族的共同语言”，推广的对象是学生和普通居民。每一年都打出一句响亮的口号，向民众提出具体要求，如“多讲华语，少讲方言”(1979年，1980年)，“学华语，讲华语”(1981年)，“在工作场所讲华语”(1982年)，“华人讲华语，合情合理”(1983年)，“请讲华语，儿女的前途操在您手里”(1984年)，等等。第二个十年(1989—1999)的目标从“少说方言”转移到“认识文化”，对象从蓝领阶层转移到白领阶层，每年的口号如“学习华语，认识文化”(1991年)，“用华语表心意”(1992年)，“讲华语，开创新天地”(1996年，1997年)，等等。第三个十年(1999—2009)的目标是让讲华语成为时尚，针对的人群是1965年新加坡独立后出生、受英文教育但不会讲华语的华人。每年的口号如“能用华语是福气，别失去”(2003年)，“讲华语 cool”(2004—2006年)和“华文？谁怕谁？”(2009年)，等等。

为达到目的，政府煞费苦心，软硬兼施，采取鼓励与强制相结合的办法。在软的方面，政府首先瞄准公务员这支队伍，为他们举办华语会话班，印发学习手册，给他们佩戴“我会讲华语”荣誉牌，要求华族公务员在服务窗口为华族公众办事时，面对40岁以下的公众只以华语交谈，如前来办事的人不会说华语，那就得排在最后。另外，华族公务员必须华语口试及格后才能得到职务晋升。针对公众，政府和许多民间机构则设立现代化的语言中心，举办各式各样的免费培训，开通“打电话，学华语”的热线电话，把每年的10月定为“华语月”，举办华文书展、华文朗读会，普及“讲华语运动”主题歌曲，等等。在硬的方面，要求电视台和广播电台停播所有方言节目，把说方言的电视连续剧配成华语，把原来说方言的第8频道改成纯华语频道，电影院也减少播映方言影片等。政府甚至要求按照华语的拼音更改新加坡人的姓氏和街道场所的名字，如把“陈”姓由原来不同方言的读音“Chan，Chin或Tan”改为华语拼音“Chen”，把“黄”姓由“Wong，Ng，Wee或Ooi”改为“Huang”，把街道“Tan Quee Lan Street”(陈桂兰街)改为“Chen Gui Lan Street”，等等。但这一规定似乎犯了众怒，遭到民众的激烈抵制，最后政府只好作罢。

由于政府的强势推进，“讲华语运动”取得了明显的成效。从全国的统计数据看，以方言作为主要家庭用语的人口，从1980年的76.2%急剧下降到1990年的48.2%，将华语作为主要家庭用语的人口则从1980年的13.1%快速上升至1990年的30%。华族小学一年级学生最常用语调查也显示出同样的趋势，以方言为主要家庭用语的人数由1980年的64.4%锐减至1989年的7.2%，以华语为主要家庭用语的人数则由1980年的25.9%剧增至1988年的69.1%。新加坡的语言环境发生了根本的改变，讲华语的风气业已形成，华语已经在华族家庭中取代了方言。如今，新加坡华人面对的已不再是华语与方言的矛盾，而是华语与英语的矛盾了。①

随着中国市场的开放，新加坡人的双语能力更显示出其优势所在。1986年，美籍华人王大东出任美国跨国连锁餐饮巨头肯德基远东地区总裁。为了打开中国市场，他上任的第一件事就是把肯德基远东地区总部从中国香港搬到新加坡。当时有人感到疑惑，开发中国市场，为什么反而要把总部转移到离中

① 尽管讲华语的家庭在增加，但讲英语的家庭增速更快。比如，统计显示，2009年只剩约40%的家庭将华语作为主要用语，而讲英语的家庭则从1990年的26%增至2010年的60%。

国更远的新加坡呢？他给出的其中一个理由是，香港人多数不会讲普通话，而新加坡人既会讲英语，又会讲中文，能更好地在中国大陆与美国总部之间进行沟通。

推广华语，也让新加坡产生了一批跨文化的国际化杰出人才，如 2009 年担任美国快餐巨头麦当劳中国总裁的曾启山，负责中国市场开发与拓展的康柏电脑亚太副总裁林顺福，曾任 IBM 大中华区 PC 部门总裁兼大中华区副总裁、后受聘于联想集团的洪月霞，还有新加坡著名歌星孙燕姿。他们都有一个共同的特点：通晓双语。香港《亚洲周刊》在 2002 年曾有过一篇专题报道孙燕姿的文章，说她是“新加坡歌手，中国台湾包装，风靡整个中国；文化创意，结合高科技，开拓巨大商机”，推崇她是中英文化教育的成果，具有双语思维，东西文化在她心中汇流，形成了独特的“孙燕姿现象”。

但是，讲方言的人毕竟多数生活在社会的底层，要让这 20％最底层的民众放弃方言谈何容易。这些人讲了一辈子的方言，以此谋生，以此维系亲情友情，却突然要放弃长期形成的语言习惯，硬着头皮去听完全陌生的语音语调，拿腔拿调地去说另一种他们并不熟悉的语言，是多么困难和痛苦！许多人对政府关停方言电视和广播节目等“硬措施”极其愤怒，纷纷写信给中英文报馆，大骂政府“残忍”“不近人情”“多此一举”。

受“讲华语运动”影响最大的是老一辈的新加坡人。以前，他们的生活和娱乐全依赖方言。邓丽君《阿妈的话》这样的方言歌曲是他们最喜欢听的。有的人成天开着“丽的呼声”，那是只需付月租就能从早到晚收听方言节目的有线广播，其中最火的是粤语说书节目《李大傻讲古》，李大傻用粤语讲武侠小说，他嗓音沙哑，讲得有声有色。有的人每天追着当时流行的香港连续剧看，什么《亲情》《家变》《浮生六劫》《变色龙》《倚天屠龙记》等，隔天邻居们聚在一起，操着不同方言讨论前一晚的剧情。不同的方言围绕着同一个情节同一个电视演员评头论足，吵吵嚷嚷，听起来好似一部方言的交响曲。可惜，这样的温馨场面没有了。电台电视台禁播了所有的方言节目。李大傻的声音从“丽的呼声”中消失了，香港的广东话电视连续剧也被配成了华语。看着周润发和郑裕玲这对屏幕苦命鸳鸯操着字正腔圆的普通话，很多人觉得别扭。从此，人们在一起讨论的话题不再是这些连续剧的剧情和人物了，而是抱怨剧中的配音如何不伦不类。那些大家曾经在一起用听广播看电视拉家常度过的愉快时光，如今只能在孤独中靠香烟和啤酒来打发。“讲华语运动”剥夺了这一代人的生活乐趣。虽然它打着“华人讲华语，合情又合理”的口号，但对不同籍贯的老一辈新加坡华人来说，“华人讲华语”未必完全合乎情理。

反对这场运动的还有新加坡的马来人、印度人等非华族人群，以及原来就讲英语的人群。他们担心，政府推广华语，是不是要把华人团结起来，让华语取代英语，甚至取代他们的母语？因此产生了一种被边缘化、被疏远和隔离的感觉。新加坡印度人发展协会代表拉妮表达了这种担忧：推广华语运动被非华人群众理解为华语不久后会取代英语的地位，这使他们有一种很强烈的恐惧感。伊斯兰教社会发展理事会代表巴斯特也提出，在办公室积极推行讲华语，会让非华人同事产生被遗弃和不安的感觉。

2002 年，当“非典”（SARS）肆虐东南亚的时候，为了让那些仍然不懂华语和英语的底层民众了解和防范这一致命病毒，电视上突然出现了用福建话、海南话、潮州话、广东话四种方言制作的宣传节目。这是自 1981 年电视台全面淘汰方言之后，方言节目首次登台亮相。据说，当时节目制作组根本找不到会说这四种方言的演员来担任方言亲善大使,只得让几个演员临时恶补一番,这才勉强完成了政府要求的有关知识普及的工作。事后,民间又再次泛起对于禁止方言的不满声音,讥讽说"方言像是被假释了一般",政府急需时就拿出来用用,纯属"缺乏原则的实用主义"。

扔掉方言,学好英语和华语,是不是就像新加坡政府所精心设计和热切期待的那样,能成为集西方先进管理意识和中华文化传统于一身的现代新加坡人了?答案很难得出。这一运动孰功孰过,也许要让历史来检验。方言,其蕴含的文化传统并不亚于其他任何语言,也是多元文化中很重要的一部分。我们中国的许多文学名著不也有用方言写成的吗?消除方言,其实是消除了语言的丰富性,进而消除了文化的多样性。新加坡作家李慧敏也有类似的看法,她说:"(我曾)把自己作为客家妹、华人、新加坡人这多重身份以及身边出现的多种语言当成一种负担。现在丢掉了所有多余的负担,我才发现,剩下的身份——华人和新加坡人的概念却是如此模糊,而我口中说出的华语和英语,无论说得怎么标准,在别人眼里都不是最正宗的。"①

说到"正宗",这的确是新加坡人如今面临的一个新的语言问题。虽然越来越多的民众开始把英语作为主要交流语言,但许多人把它变成了一种集英语、马来语、泰米尔语和华族各方言的大杂烩,并戏称为"Singlish"(新加坡的"洋泾浜英语")。这种英语不仅混杂了多种语言和方言的词汇,句子还多半是按照华语思维来组合的,比如,"Want go makan?"(想吃饭了

---

① 李慧敏:《成长在李光耀时代》,北京时代华文书局2014年版,第29页。

吗?)。“makan”是马来语,意思是吃。“Ask so much for what? So kaypoh!”(问那么多干吗? 这么多管闲事!)“kaypoh”是“鸡婆”的福建话发音。最有代表性的例子是新加坡电视台制作的电视连续剧《希望永享人生》(1996—2007)。剧中主角“潘厝港”(Phua Chu Kang)满嘴是荒腔走板的新加坡式英语,居然深得新加坡人的喜爱,成了许多年轻人模仿的样板。这部电视剧立刻引起了政府的关注。前总理吴作栋认为这是在污染英语,于是政府又推出了“讲正确英语运动”。

新加坡人好不容易扔掉了原来的方言,却又创造出了新的“方言”。

分流教育的利与弊

1979年《吴庆瑞报告书》中提出的分流教育制度，对学生、家长，乃至整个新加坡社会，都产生了极其深刻的影响。

记得十几年前，一位新加坡朋友忧心忡忡地说起，她女儿即将参加小学四年级的分流考试。如果成绩好，就可以进EM1，成绩中等的进EM2，成绩差的只能被编入EM3。她知道自己的孩子天资并不聪颖，不敢奢望进EM1，但也生怕落入EM3。她说，要是自己的孩子进了被称为"烂苹果"的EM3，她们一家今后还有什么脸面见人！于是，她到处找人帮孩子补习。像她这样的父母还有很多，他们的焦虑催生了新加坡庞大的补习市场。

EM1、EM2和EM3指的是从20世纪90年代起在新加坡小学实施的语文分流课程。在此之前的十年，根据《吴庆瑞报告书》提出的改革方案，新加坡的小学和中学均实行分流制度。小学从三年级开始分流，中学再进行一次分流，分流的依据是学生学习语文的能力。小学分普通双语课程、延长双语课程和单语课程。到90年代，这一分流制度又有了新的改革，分成EM1、EM2和EM3三个层次。在EM1层次，英语(English)和母语(Mother Tongue)均为第一语文，难度最大，录取人数约占学生的10%；在EM2层次，英语为第一语文，母语为第二语文，录取人数约占学生的70%—75%；在EM3层次，英语为第一语文，母语为第三语文，录取人数约占学生的15%至20%。从三年级分流出来的差生还得留级修读延长课程。

为了培养双语拔尖人才，也为了传承华文教育的传统，新加坡教育部还从众多的华校当中，挑选出 11 所有着悠久历史和优良校风的传统华校组成特选中学，专门招收双语成绩优秀的学生。政府每年都划拨专款，聘请优秀师资，支持学校开设高级华文课程。不久，这些中学都成了家长心目中的名校而受追捧。

小学三年级分流制度和延长课程引起了社会的普遍诟病。许多人认为，让九岁的孩子参加分流考试，过早地泯灭了其成才的希望，太过残酷。而让语文成绩不好的学生留级继续修读延长课程，导致差生无法正常升入中学，成为小学的一群品行最坏、成绩最差、破罐子破摔的问题学生。2002 年，新加坡拍摄了一部儿童喜剧电影《小孩不笨》，讲的就是分流制度对儿童身心造成的伤害。针对社会的批评，1992 年，新加坡教育部发布了建国以来第一份研究华文教学改革的《王鼎昌报告书》，提出：一、把小三分流改为小四分流；二、把华文第一语文改为高级华文，华文第二语文改为华文；三、让每所小学小五和小六 EM1 层次学生都修读高级华文，中学方面，放宽修读高级华文的条件；四、把华文教学的重点从重视书写转移到重视读、听、说的能力培养；五、取消小学延长课程制度。这一改革不仅回应了社会对过早分流和小学留级的弊端的批评，也无形中促进了新加坡学生华语交际能力的显著提升，影响了整个 20 世纪 90 年代新加坡的华文教学状况。

1999 年，以时任新加坡副总理李显龙为首的华文教学检讨委员会经过一年多的调查研究，出台了《李显龙华文教学新政策》，提出“大幅度量身定制，因材施教”的教育模式，对之前实施的华文分流教育做了进一步的改革，把学生分为华文特强、华文能力一般和华文特弱三类。“高级华文”是为华文特强的学生设计的课程,“华文”是为华文能力一般的学生设计的,“华文B课程”则是专为华文特弱的学生设计的。让有能力学华文的学生获得更多机会、更多时间、更多资源学习程度更高的华文。同时,新政策对华文教材进行了系统改编,降低了教材的难度,尤其是对华文B课程的教材和课程大纲进行了合理调整。

2004年,由新加坡教育部前提学司黄庆新领导的“华文课程与教学法检讨委员会”制定的《黄庆新报告书》依然遵照因材施教的原则,提出了以发扬差异精神为指导的“单元式教学”改革,设立“导入单元”“强化单元”“核心单元”“深广单元”四个层次。前两个单元为入学前没有接触过华文的学生设立,第三个单元为一般学生设立,最后一个单元为程度高的学生设立。同时,重视口语交流和阅读能力的培养,发挥多媒体和现代信息技术在语言教学中的作用。

如今,小学阶段虽然取消了小四的分流,但新加坡教育部又设计了一套所谓灵活的“科目分班”制度,把各个科目分为“基础水平”和“普通水平”课程,让差学生上“基础水平”课程,好学生上“普通水平”课程。这其实是变相的分流。小升中会考之后,学生们又进入新一轮的分流。成绩顶呱呱的人进入优秀学校的四年制“快捷源流”,成绩中等的流入普通学校的“快捷源流”,再差一点的则被编入五年制的“普通源流”,而“普通源流”又细分为“学术”和“工艺”课程,那些成绩最差的就只能进入“普通源流”的“工艺”课程班,学一门今后能够谋生的手艺。即使进入了中学,分流也还没有停止。到了初中二年级,学生又得按成绩被分配到文科、纯理科或综合理科源流。成绩最优秀的学生进入纯理科,成为精英的苗子,享受最好的教育资源,获得更精心的栽培。

毋庸置疑,新加坡推行了 30 多年的分流教育在精英人才的培养方面成绩斐然。1983 年新加坡中二学生首次参加由国际教育成绩评估协会(IEA)举办的“国际学生数学与科学研究趋势(TIMSS)”调查,仅名列世界第十六。12 年后,新加坡中二学生再度参加此项调查,数学和科学均排名世界第一。此后,在 1999 年、2003 年和 2007 年的调查中,新加坡学生数学除 2007 年排第三外,其余年份均为世界第一,科学除 1999 年排第二外,其余年份也均排第一。2009 年,新加坡 5000 名 15 岁的中三、中四学生参加由经济合作与发展组织(OECD)举办的“国际学生能力评估(PISA)”,在 65 个国家中,新加坡学生的数学排名第二,科学第四,阅读第五。①

不管是《吴庆瑞报告书》,还是后来各个时期的教育改革方案,其初衷都是要因材施教,尽量适应每个人的特点,挖掘每个人的潜能;出发点也都是一样的,即以一个人学习语言的能力来判断他的智力,再以此为依据把人分成三六九等来进行分流培养。但这种做法存在诸多问题。首先是用语言能力作为分流依据扼杀了学生的综合发展潜能。比如,由于政府特别重视语文教学,从 1963 年起就实施了给予小六会考第一语文(华校的华文,英校的英文)双倍积分的政策;从 1973 年起又对第二语文(华校的英文,英校的华文、马来文或泰米尔文)给予双倍积分。当时,小六会考四科的比重是:英文(第一或第二语文)、华文(第一或第二语文)各占 200 分共 400 分,数学和科学各占 100 分共 200 分。这种偏重语文的计分法使得许多男生仅仅因

---

① 这一年,来自中国上海的中学生也参加了竞赛,数学、科学和阅读均位列第一。

语言能力较弱而不能升入好的中学,直接影响了他们的发展前途。连李光耀后来也认识到,每个人的智力跟学语言的能力是不一样的。这种以语言能力论英雄的评价方式受到社会的广泛批评,最后政府不得不在1985年取消了这样的计分法。到了2004年,华文第二语文成绩的分数干脆也不计入大学入学的总分。

不过,分流教育更大的弊端是对学生的身心造成了伤害。从小小年纪开始,孩子们就带着不同的标签成长,为应付考试而学习,为不被淘汰而努力。社会也戴着有色眼镜看待不同源流的学生,在他们走向社会之前就将其分成了三六九等。在一次次的筛选、过滤、淘汰过程中,孩子们的求知欲望泯灭了,取而代之的是强烈的功利心和恐惧感。许多孩子担心自己落入低层次的“普通源流”或“基础水平”课程,害怕被编入延长课程,因为那不是被延长的童年,而是被延长的痛苦和耻辱。“在我的印象里,在整个中小学时代,我上学不是为了求知,而是为了应付分流考试,以避免自己被分出去。”①推行了整整25年的分流教育,到底造就了多少精英,又摧毁了多少童真,无人知晓。一位在新加坡工作的加拿大朋友曾对新加坡的教育体制赞赏有加。但当她仔细研究了新加坡的分流制度之后,便改变了把自己孩子送到新加坡学校就读的初衷。她说:“我那个调皮不成熟的孩子一定会被分配到最糟糕的班级,我不希望他自卑地过完整个童年。”

---

① 李慧敏:《成长在李光耀时代》,北京时代华文书局2014年版,第46页。

“我们都是新加坡人”

去过新加坡的人，也许曾在邮轮码头见过这样的场面：一个马来人、一个印度人、一个华人站在一起，用不同的语言、同样的微笑，迎接来这里旅游的人。据说，这是为了展现新加坡不同文化融合的和谐与自信而特意组织的一种接待形式。

可谁还记得，这和谐的族群关系是用血的教训换来的。

走在新加坡的街上，满目都是黄、黑、白、棕不同肤色的人。他们分属华族、马来族、印度族三大族群，以及其他人种。华族有福建人、潮汕人、广州人、客家人、海南人和三江人等。马来族有马来人、爪哇人、布吉人、邦加人和米南加保人等。印度族的种类就更多了，有泰米尔人、旁遮普人、锡兰人、锡克人、古吉拉特人、孟加拉人、泰卢固人、帕坦人和僧伽罗人等。有人因此把新加坡比喻成海洋十字路口上的“人种博物馆”。

在英国殖民统治时期，为便于管理，当局采取分治的办法，不同族群不仅分区域居住，谋生的手段和从事的职业也不一样。华人主要从事商业，因此居住在城里。马来人主要从事农业或以打鱼为生，散居在乡下或海边。相互间的长期隔离导致不同种族之间产生误解、隔阂，甚至敌意。日军侵占时期，日本占领军推行不同的族群政策，对华人、马来人和印度人区别对待。对华人进行残酷的镇压，以报复其抗日行为。对马来人则采取怀柔和拉拢政策，任命其为军警人员和各级行政官员。这些人被华人斥为“马奸”，曾协助日军征粮、抓丁，执行日本人难以实施的任务。这一政策给华巫两族埋下了相互仇视的祸根。

新加坡加入马来西亚联邦之后，华人和马来人的矛盾并没有得到缓解，反而进一步加剧。这当中既有历史和政治的原因，也有社会经济的因素，以及教育、宗教和价值观的差异。比如，新马合并后，新加坡的马来人原想可以享受到与半岛马来人一样的特权，却不料政府只是口惠而实不至，因为人民行动党从根本上就是反对“特权民族”的理念的，主张各族群一律平等。另外，马来人经济地位相对较低。据 1957 年的职业调查统计，在专业、技术性职业和相关行业中，马来人只占 7.1%。绝大部分马来人仍居住在乡下，从事农业、渔业和手工业活动，收入偏低。以 1966 年为例，华人平均月收入为 233 新元，印度人为 256 新元，而马来人却只有 187 新元。此外，两个族群的价值观念和行为规范也存在很大差异。比如，马来人不太重视孩子的教育，常因经济拮据或劳动力欠缺而不让孩子去学校读书。因此，马来人的受教育程度普遍较低，在就业和生活水平上自然低于其他族群。再如，在经商的华人和印度人眼里，借贷取息是一种谋生的方式，但在马来人看来却是可耻的，因此认为拖欠债务甚至借钱不还也并不是什么大不了的事。这导致许多华人商贩不愿借钱给马来人，或者雇用马来人。

由于华人和马来人在经济、政治、文化和宗教方面的矛盾逐渐加深，1963 年 7 月 21 日，两族群之间大规模的暴力冲突终于爆发。冲突的导火索是新加坡建屋发展局提出的市区重建计划触动了马来人的利益。根据新加坡第一个五年建屋计划，马来人集居的芽笼士乃等距离市中心 5 公里的棚户区被强行拆除，由政府为其安排临时住所。但拆迁后，马来人每户仅得到 300 新元的搬迁费。这引起了他们的强烈不满。马来半岛上的《马来先锋报》等马来文媒体趁机发表有关人民行动党压迫马来人的煽动言论,如在市场上马来人没有得到足够的摊位,政府具有亲华人的倾向,对马来人的教育没有像对华人教育那样重视,马来学校教师的待遇比不上华文学校的教师,等等,指责政府威吓、压榨和迫害马来人。这些言论致使马来族群中的“民怨”愈加沸腾。7 月 21 日是伊斯兰教穆罕默德先知诞辰纪念日。2 万多名马来穆斯林利用集会庆祝的机会,举行示威游行,与维持秩序的华人警察后备队员发生冲突。骚乱持续了一个星期,造成 23 人死亡,500 多人受伤。起初,伤亡者多为华人,后因华人秘密会社插手冲突,导致更多的马来人伤亡。

关于这次族群骚乱的责任,不同的人有不同的说法。李光耀认为这是马来西亚联合执政党之一的巫统为争取新加坡马来人的政治支持而引起的。[①] “所有的迹象都表明,骚乱是有组织和有预谋的,是要使其成为一场粗暴的种族冲突。所有的一切都已经齐备,只欠有人激活它。”[②]而马来西亚方面却有各种解释,有的说是印尼特工制造的,有的说是流氓歹徒造成的,有的说是新加坡的私会党徒策划的,还有人说是人民行动党中的种族极端分子所为,等等。但外国观察家认为,新加坡的这一次族群动乱是在“政界人物授意下”引发的,是“巫统领袖以浓厚的种族色彩,长期进行政治煽动,反对人民行动党的必然结果”[③]。

可就在新马双方为是否对骚乱进行公开调查争得不可开

---

① 李光耀:《风雨独立路——李光耀回忆录(1923—1965)》,外文出版社、新加坡联合早报 1998 年版,第 617—618 页。

② *The Straits Times*, 22 July 1964.

③ Albert Lau, *A Moment of Anguish: Singapore in Malaysia and the Politics of Disengagement*, Singapore: Times Academics Press, 1998, pp. 187—189.

交的时候,9 月 2 日,新加坡再次发生族群骚乱。当晚,两名马来人用石块砸伤一名骑单车的华人男子。10 分钟后,又有两名马来人与一名华人在公交车站发生冲突。一个多小时之后,一名马来三轮车夫在芽笼士乃市场对面被刺身亡,据说凶手是华人。立刻,“7 月动乱”尚未熄灭的仇恨之火再次被点燃。群情激愤的马来人随即实施报复,在这次骚乱中,又有 13 人死亡,105 人受伤,1418 人被警方逮捕。

新加坡的族群骚乱打破了华人与马来人长期以来和平相处的局面,造成了种族之间难以弥合的嫌隙。它加速了人民行动党与巫统的关系进一步恶化,成为新马分家的重要原因之一,也成为独立之后新加坡政府不得不慎之又慎的执政难题。

两次种族骚乱的教训告诉新加坡人,多种族和多元文化是这个国家的现实,促进种族团结和文化融合是这个国家的重要国策。李光耀在 1965 年独立之日指出:“在新加坡,我们将是一个多元种族的国家。这个国家不是一个马来人的国家,不是一个华人的国家,不是一个印度人的国家……不论民族、语言、宗教、文化,每个国民都应首先有国家意识,都要认同我是新加坡人。”①

年纪大一点的新加坡华人都记得,从他们上小学开始,老师就总是在课堂上不厌其烦地叮嘱大家,不要老说“我是华人”“他是马来人”或“他是印度人”,而要说“我们是新加坡人”。政府十分重视淡化族群身份、强调国民身份的教育。从小学到高中,学生们每天必做的三件事是参加升旗仪式、唱国歌和面对国旗诵读国民信约:“我们是新加坡公民,誓愿不分种族、语言、

① 徐歌:《新加坡:阳光照耀鱼尾狮》,广西民族出版社 2006 年版,第 34 页。

宗教，团结一致，为建设公正平等的民主社会、繁荣与进步，共同努力。”为培养人民的国家意识，新加坡每年都要举行国庆阅兵庆典，总统或总理发布国庆庆典致辞，宣布当年的重大政策，一是为了展示各民族的和谐融洽关系和国家的团结一致精神，二是借此时机提出政府的新政策和制度倡议，供国民讨论。

每年的新加坡国庆是最能反映新加坡人爱国热情的一个节日。从7月到8月9日国庆日，整整一个多月的时间，新加坡举国上下都沉浸在忙于为国庆庆典做准备的欢乐氛围中。组屋区几乎每扇窗户都插上了红白相间的新加坡国旗，各社区民众排练着各种各样的表演节目，电视和广播里直播各种歌颂祖国、弘扬爱国热情的诗歌朗诵、读书竞赛、歌咏比赛等活动，人们排着长队花数小时购买观看国庆游行和表演的入场券。庆典当天，所有参加国庆游行的人都身穿红色T恤，挥舞着新加坡国旗。头顶上，两架直升机挂着巨大的新加坡国旗在天空中来回穿梭，全国的电视和广播对庆典活动进行全程现场直播，场面非常壮观。

在处理族群之间的历史遗留问题时，新加坡政府也一直都很谨慎，注意淡化族群之间因历史问题而产生的积怨。比如，早在1962年新加坡自治邦时期，建筑工人在相传是日本占领时期屠杀华人的一处地方发现了大批坟墓。华人社群纷纷要求日本对死难者家庭进行赔偿。可自治邦政府担心，华人会因为马来人在战时助纣为虐的行为而迁怒于马来族群。因此，在1963年举行的一次公众集会上，李光耀强调，这场屠杀是对新加坡全体民众犯下的罪行。独立之后，新加坡人建起了一座和平纪念碑（日本占领时期死难人民纪念碑），把上千个装有遇害者遗骸的骨灰坛埋在下面。这座纪念碑有四根立柱，代表新加坡的四大族群，表明四个族群都承受过共同的苦难。

大多数新生的国家在创立国家意识时，采取的办法是大力发扬本土人口占绝大多数的族群的文化，但在新加坡却不是这样。政府并没有把占人口绝大多数的华族文化作为主流文化，而是一方面鼓励各种族保存自己优秀的文化传统，赞颂文化多元所带来的丰富性，另一方面又尝试在这之上创造一种专属于新加坡人的认同感和特定的价值观。比如，尽管李光耀非常推崇儒家思想，但在吸收中华文化传统精髓的同时，却并没有“独尊儒术”，而是结合新加坡实际，吸收了非华人族群优秀的文化传统，构建起具有新加坡特色的“亚洲价值观”，以此来争取社会的共识。用1968年新加坡前副总理拉惹勒南在联合国大会上的话讲：“我们将成功地创造出独特的新加坡人。他是这样一种人：从四种伟大的文明源泉中吸取营养，但又不完全归属于这四种中的任何一种。”1989年，新加坡总统在国会演说时提出推进四项兼容中华、马来、印度文化及其主要宗教思想的核心价值，主张“社群高于个人；维系家庭作为社会基石；以共识而非无谓争论解决重大议题；强调种族、宗教容忍与和谐”，作为新加坡社会和新加坡人的独特标志。这一主张后来经过全国大讨论，最终形成了如今在新加坡深入人心的“五项共享价值观”。

在如何对待各种族的语言问题上，新加坡政府采取了宽容、公正、促进多元融合的态度和政策。对不同的语言，政府一律平等看待。在新马合并时，为有利于联姻，政府力排华人的众议，把马来语确定为官方语言。独立之后，为促进经济发展，又再一次不顾华人的建议，把英语而非华语确立为行政、商贸语言。在处理语言教学的问题上，政府非常谨慎，如履薄冰，先是承诺保留各语种学校不同语文的平等地位，而后逐渐推广英语教学，循序渐进地普及英语，把英语确立为新加坡发展经济、促进各民族交流的工作语言,把各种族的本族语确立为继承各民族文化传统和价值观的媒介。在推广讲华语运动时,也顾及其他非华族人的感受,把这场运动仅放在了华人群体当中。

宗教问题也是影响族群关系的一个重要因素。在新加坡,虽然各种宗教都得到承认和鼓励,但政府更期望新加坡人能够接受现代新加坡普遍的政治、经济和社会伦理精神,包括传统中国文化中的自律、自立、勤奋、竞争,在现实的人生中建功立业,看重今世的成就,渴望切实的收获。

新加坡的宗教种类繁多。这里除了佛教、道教、伊斯兰教(回教)、印度教、天主教和基督教外,还有耆那教、锡克教、犹太教、袄教(拜火教)、天理教、巴亥教,以及华人新创立的"儒释道"三教合一的莆田三一教和"儒释道耶回"五教合一的德教会等宗教,堪称"宗教博览会"。新加坡政府吸取了东南亚其他国家设立国教导致宗教冲突和社会混乱的教训,不设国教,让各宗教处于平等地位。针对公民的信教自由,新加坡宪法规定:"人人都有权信奉并宣扬自己信仰的宗教。"新加坡人对宗教的态度也很实在。他们认为,宗教宣扬家庭团结、不欺诈、不说谎、不偷窃,可以给人一种归属感,"与其什么都不信,不如有个宗教信仰"。政府也鼓励人们信仰宗教,李光耀曾指出:"宗教是一个民族文化中最重要的一环,它教导信徒们道德价值和规范,也照顾信徒们的精神、道德和社会福利。"但政府同时认识到,宗教也有其消极的一面,它会因信仰、价值观、禁忌、仪式等不同而导致宗教冲突。因此,政府把宗教和谐、容忍和节制看成是国家生存和发展的重要条件,采取各种政策和措施,促进宗教和谐。比如,2002年,时任新加坡总理的吴作栋牵头所有宗教群体代表组成的跨宗教和谐圈(IRHC),拟定了《宗教和谐声明》[1]，敦促新加坡人在每年种族和谐日的一周内朗诵此声明。为促进各宗教加强接触，相互了解，政府还成立宗教联合会，由联合会制定各宗教团体联合祈祷时共同使用的《联合祈祷文》，以避免不同教派信徒在祈祷时因崇拜对象和宗教仪式不同而产生误解和冲突。这一新加坡特色的宗教和谐有助于国家和社会的稳定。

有趣的是，宗教和谐促进了不同宗教的信仰、仪式、偶像和建筑风格的融合，也促进了不同文化的融合。比如，马来人信奉伊斯兰教，但也有人供奉东南亚民间信仰的拿督神。坐落在直落亚逸街上的福建会馆天福宫妈祖庙里，除了应该供奉的妈祖像外，还供奉着佛祖释迦牟尼的塑像，与之遥遥相对的是儒家圣人孔子的塑像，孔子像的左右是观世音和弥勒佛，前面则是三国演义里的刘备、关羽、张飞的立像。像这种把宗教的、民间的、神话的、传说的神祇和人物统统拿出来膜拜，有的干脆放一起，在新加坡可谓比比皆是：玉皇大帝与包公大人可居同一祭坛；观音庙内供奉达摩祖师；齐天大圣、济公、包公也有寺庙。2012 年 10 月，天福宫举办了一年一度的祭礼。有意思的是，在这供奉道教神灵且儒家文化色彩浓厚的地方，仪式的开场却是佛教的祈福诵经。在游客常去参观的杰姆清真寺，外观是典型的奶油绿色，白色镶边，可它的宣礼塔居然是中国建筑风格的宝塔状。这样奇特的宗教建筑，也许这世上再也找不出第二座。

---

① 《宗教和谐声明》：“宗教和谐是确保我国多元种族、多元宗教社会之和平、进步与繁荣的要素。我们决心通过互相容忍、信任、尊重和了解，强化宗教和谐。我们将始终如一，确认国家的世俗性，提升社会的凝聚力，尊重各人的信仰自由，既增广共同空间也尊重彼此差异，促进宗教间的沟通，从而确保在新加坡宗教不会被滥用来制造冲突与不和。”

但在鼓励和保护宗教自由的同时，新加坡政府严格实行政教分离的政策，规定任何宗教团体不得染指政治，不得以宗教极端观念和行为挑起彼此间的冲突，禁止与国家价值和社会核心价值相冲突的极端教派，不允许任何行为触犯公共秩序、公共福利或道德的一般法律界限，各教派管制好本教的信徒和传教士，不得对其他宗教团体和信徒有任何不敬行为，不得破坏社会结构、分裂国家。在法律层面，政府制定了各种法律法规，严禁宗教和民族仇恨的言论和行为。比如：《刑法》将损坏或亵渎祈祷、礼拜场所，干扰宗教集会，非法进入祈祷场所，故意用话语伤害他人宗教感情，等等，界定为刑事犯罪；《内部安全法》把导致宗教对立、引发暴乱和流血事件、导致宗教间出现更大裂痕和摩擦的行为，界定为破坏宗教和谐的极端行为；《反煽动法》把引起不同种族或不同阶层的人民相互猜疑和敌对界定为煽动行为；《维持宗教和谐法案》赋予内政部长下达限制令的权力，可针对有关破坏宗教和谐的行为①下达限制令，违反限制令者可处以 2 年以下监禁、1 万新元以下罚款，再犯者可处以 3 年以下监禁、2 万新元以下罚款；等等。可喜的是《维持宗教和谐法案》营造了很好的法律保障机制，起到了警示、预防的作用。法案颁布 18 年来，没有发出过一次限制令，只警告过两次。从 1965 年独立到现在，新加坡基本上没有发生过什么宗教冲突。

新加坡政府一方面致力于培养国民的统一的国家意识，另一方面又让族群的文化习俗各自灿烂。以节日为例，新加坡共有 10 个法定节日：元旦、春节、劳动节、国庆节、卫塞节（佛教）、

---

① 这些行为包括：“导致不同宗教团体之间的敌视、仇恨、恶意情绪；借宣传、信仰任何宗教之名进行推动政治事业或政党事业的活动；借宣传、信仰任何宗教激发对新加坡总统或政府的不满；企图利用宗教危害社会安全、种族、宗教和谐的言论。”

开斋节和哈芝节(伊斯兰教)、圣诞节和复活节(基督教)、屠妖节(印度教)。这还不包括其他民间节庆,如:华人的中元节、中秋节;印度人的大宝森节、踏火节;全民参与的食品节、百鸟争鸣节;等等。公众假期特别多。在全国84个社区中心中,每个公民咨询委员会都有职责举办各民族的节日庆祝活动。

除了对各族群节日及其习俗的尊重和弘扬外,新加坡政府还对他们的婚俗、礼仪、饮食、服饰、民族歌舞等给予大力保护和倡导,鼓励多元文化的繁荣和融合。在每年一度的宗教和谐日里,全国的大中小学,包括幼儿园,都鼓励老师和学生身穿民族服饰上课上学,举办游艺活动,培养国民对其他种族的认识和宽容之心。

在饮食方面,多文化特色展示得更是淋漓尽致。据说在新加坡地标之一、用60亿美元打造的滨海湾金沙酒店顶层SKY ON 57,常常可以看到这家餐厅的主厨郭文庆在厨房里用英语、广东话和马来话发号施令,把中国、南洋、印度、欧洲的元素融入他的菜肴之中。这已成为新加坡多元饮食文化的一个缩影。

新加坡学生身穿民族服饰

而在被誉为“草根的美食天堂”的小贩中心,你肯定能品尝到各个族群的代表美食,观看到令人着迷的烹饪表演。在这里,中餐、马来餐、印度餐、西餐、日餐、法餐都特别便宜,花上几新元就能尝到不同分量海南鸡饭、楗柏水粿、炒河粉、辣螃蟹、云吞面、不见天叉烧、面蒸粿、椰浆饭、萝卜糕、肉脞面、米暹、黄姜饭、娘惹叻沙、咖喱鱼头、夹肉面包、沙嗲、印度罗惹、印度抛饼等在新加坡最受欢迎的美食。新加坡人来这里,不仅是为了解馋,也是为了解乡愁。像这样的小贩中心在新加坡超过100个,每个小贩中心都有上百个摊位。如果哪个小贩中心结束营业了,新加坡人的集体回忆和无限唏嘘就会发酵。马来西亚《星报》报道,新加坡总理李显龙在国庆群众大会上提出,小贩中心是新加坡重要的文化遗产,它就像社区饭厅,人们不分种族、宗教和收入高低,都能聚在一起用餐、交流、融合。因此,新加坡准备将小贩文化再次申请列入世界文化遗产名录。对此,马来西亚网民很不以为然,认为马来西亚槟城的传统小吃要比新加坡的多且便宜,那里才真的称得上是"世界美食之乡"。

有位新加坡作家如此描绘这座城市多元种族文化的奇特景观:

"一个干净整齐而且现代化的组屋区里,一户华人家庭在组屋底层的空地搭起了灵堂,披麻戴孝的子孙们守在灵柩边,跟着念经超度的道士行礼如仪。念完经,行完礼,孝子们按照道士的吩咐,把预备好的纸扎洋房、汽车、衣物、电器、手机等等,拿到一边的空旷地方去焚烧,希望死者在天之灵也能享受这些人间的荣华富贵。

"同样组屋区的另一角落,一支由马来青年男女组成的迎亲队伍,步伐整齐,敲着鼓唱着歌,一路来到新娘子的组屋楼下。组屋楼下摆满桌凳,几个马来妇女就在旁边大锅大镬地烹调出一道道马来美食,款待前来道贺的亲友。马来歌曲透过扩音机播得震天响,讲究的话,还有马来乐队现场演唱,或者更难得的马来武术表演。"

"镜头由组屋区转到川流不息的市区大马路,靠边的车道被封锁起来,让印度教徒举行酬神游行仪式,因为今天是大宝森节。游行队伍中的主角，是那些扛着钢架装饰的男教徒。巨大沉重的钢架并不是用肩膀来扛的，而是让钢枝尾端的刺和钩，穿过信徒胸前和背部的皮肉支撑着。皮肉刺穿之处有些泛红，但没有流血。信徒们坚信，他们受到神的保佑……”①

新加坡夜景

① 徐歌：《新加坡：阳光照耀鱼尾狮》，广西民族出版社 2006 年版，第 46 页。

小国大外交

1973年，在加拿大渥太华召开的英联邦政府首脑会议上，坦桑尼亚总统尼雷尔引用了一句非洲谚语来形容当时的国际关系："大象打架，小草遭殃。"时任新加坡总理的李光耀回应道："大象调情，小草也遭殃。大象亲热，小草就大难临头。"

这虽是句玩笑，却反映出李光耀作为一个小国领导人对国际关系的独到见解，这也是他考虑新加坡如何在国际关系中定位自身角色的前提。

新加坡作为在众多"大象"脚下的一棵"小草"，确实很脆弱。

在它的南面是印度尼西亚，人口是它的40多倍，国土面积是它的数百倍，在新加坡的东、西、南三面与其接壤。早在马来西亚联邦成立之初，印尼因反对联邦计划曾与马来西亚交恶，新加坡也因积极加入联邦而与印尼结下了梁子。20世纪60年代末，印尼掀起排华、反华浪潮，又把以华人为主体的新加坡视为中国在东南亚的"特洛伊木马"①，对其抱以猜忌、敌视的态度。直到1973年，两国领导人才捐弃前嫌，逐步消除了相互间的芥蒂。从此，两国关系日益密切起来。

---

① 出自希腊神话。特洛伊城的帕拉斯王子因诱骗希腊斯巴达王之妻、美女海伦回国，遭到希腊联军围城。久攻不下，希腊联军假装撤退，留下一具木马，腹中暗藏希腊士兵。特洛伊守军不知是计，把木马作为战利品运进城中。是夜，木马中的希腊士兵悄悄打开城门，特洛伊沦陷。

北面是与新加坡一衣带水的马来西亚,人口比新加坡多6倍,国土面积是它的450倍还多。从20世纪60年代开始,新马关系可谓是一波三折,从合并之初的甜蜜,到合并之后的苦涩,再到分家之后的逐渐对立。1966年,独立的新加坡退出新马联合防务委员会,同年马来西亚宣布禁止持有新加坡身份证的人入境。对新加坡致力于把英国势力留在新加坡的想法和做法,马来西亚很不以为然。新加坡发展与印尼、苏联、东欧国家的关系,也引起马来西亚的强烈不满。但面对与马来西亚的矛盾,新加坡始终保持着克制,努力维持与这个北方邻国的良好关系,比如在独立之后依旧把马来语写成的邦歌作为自己的国歌,在国徽上仍然保留具有马来西亚国家象征的马来亚虎作为护盾兽,等等。到20世纪80年代之后,两国关系才逐渐真正得到改善。

而且,这两个近邻在经济上,它们很瞧不起新加坡以转口贸易和加工业为主的发展模式,把它视作依附在本国经济上的“寄生虫”。

就新加坡所处的地缘格局而言,在不太遥远的北方,矗立着与之有着血缘关系的中国和印度,以及在历史上曾经占领过它的日本。在本地区以外,还有许多曾经的和现时的域外强国,如英国、苏联、美国等。这些国家都十分重视新加坡海上交通枢纽的战略位置。要在这些政治和经济大国的夹缝中生存下来,确实需要有高超的技巧。更为严峻的是,在新加坡独立之后,随着英国势力逐渐淡出东南亚,以及印度支那被共产党政权所控制,新加坡突然发现,自己不仅失去了大国的保护,而且还成了这一地区东西方冷战的桥头堡,面临着不得不选边站队的窘境。

生存的需求很现实,因此新加坡的外交也必须务实。如何在意识形态相悖、政经利益相左的大国之间求得一席生存之地呢？最好的办法就是扮演一个和平、中立、不结盟的角色，不受历史、种族、宗教等问题及意识形态与价值观念差异的羁绊和左右，把自己塑造成“东南亚的瑞士”。这个弹丸之国的生存，不仅需要有好的近邻，也需要本地区及世界范围内的好的远亲，因为新加坡历代领导人都有这样的共识：依赖和平环境和睦邻友好关系来维持自己国际商贸的发展，才符合这个国家的长远利益。新加坡必须为自己在东南亚找准定位，扮演邻居们都能接受的角色，在东南亚的不断繁荣中寻求自己应得的份额，而不是从一个停滞的地区经济体中攫取走大部分收益，更不能对不该属于自己的利益存有半点非分之想。

用通俗的话讲，新加坡的外交政策就是要广交朋友少树敌。

首先是要捐弃前嫌，与马来西亚发展睦邻友好关系。新加坡把与马来西亚的关系视作自己生死存亡的关键，改善两国关系是其外交政策的基本出发点。20 世纪 60 年代，李光耀就曾多次表态：“马来西亚是我们的近邻，它是否安定关系到我们所有新加坡人。”①1965 年，在被迫退出马来西亚联邦之后，新加坡一方面放低身段，主动低调处理与马来西亚的各种纠纷，对新加坡的马来族给予适当的照顾；另一方面，又积极发展与印尼的关系，以此来制衡马来西亚。当时，印尼与马来西亚还处于相互敌对的状态。1966 年，印尼宣布承认新加坡独立，愿与其发展友好关系。为平息马来西亚的不满，消除其顾虑，李光耀赶紧面见马来西亚总理，表示要等马来西亚与印尼建交之后，新加坡才与后者建交，但马来西亚对新加坡仍存有种种猜

---

① 毕世鸿等：《新加坡》，社会科学文献出版社 2016 年版，第 410 页。

测和误解。即使到了1973年,继任的马来西亚总理拉扎克出访新加坡时,还很有保留地表示,两国要发展和平但也不是太过密切的外交关系。直到20世纪80年代,马来西亚新任总理马哈蒂尔表态说要致力于同新加坡发展平等、公正的外交关系,之后,两国关系才步入正轨,在政治、经济、安全防务等方面开展了一系列富有成效的合作。如解决了柔佛海峡的水域划界和填海争议问题,成立“新柔廖成长三角”①,签署英国、新加坡、马来西亚、澳大利亚和新西兰《五国联防协议》,等等。此外,新马两国还于2013年宣布,将合作修建一条从吉隆坡到新加坡的高速铁路,预计2020年竣工。

新加坡与印尼的关系也是由当初的相互猜疑发展成如今的密切合作。早在1968年,两国曾一度好转的关系又因新加坡逮捕和处决两名入侵的印尼海军士兵而急剧恶化。1970年,李光耀利用不结盟国家首脑会议的机会,主动与印尼总统苏哈托会晤,消除了印尼对新加坡的误解。同时,新加坡也承认印尼是实质上的东南亚联盟(简称东盟)领导,再加上苏哈托和李光耀都是东盟国家中执政时期最长、交往最多的国家领导人,两人交往密切,感情甚笃,视彼此为知己,两国关系因此日益密切,领导互访频繁,经济往来加强。如今,新加坡已成为印尼最大贸易伙伴和最大外来投资国。

除了需要处理好与邻国的关系,新加坡也清醒地看到,身

① 20世纪80年代末建立的东南亚地区第一个区域合作框架,由时任新加坡总理吴作栋于1989年12月首先提出,即发展“新加坡—柔佛(马来西亚)—巴淡岛(印尼廖内群岛的一岛屿)成长三角”的构想。1990年,该构想得到印尼总统苏哈托和马来西亚总理马哈蒂尔的积极响应。1996年至1997年,该成长三角扩大到马来西亚南部的马六甲、森美兰、彭亨州,以及印尼的西苏门答腊、南苏门答腊、占碑、明古鲁、西加里曼丹等省。

为本地区一蕞尔小国，如果不与邻国结盟，形成一种区域性的力量，势单力薄的它很难存活和发展。尽管它提出过“不结盟”的外交政策，但那是针对当时世界的冷战格局而提出的，是指不与美苏两大阵营中的任何一方结盟。而参与和依靠一个地区组织，稳定自己与周边国家的关系，确保自己政权的巩固，则是另外一回事。

1967 年 8 月 8 日，新加坡独立刚两年多一点时间，印尼、菲律宾、新加坡、泰国 4 国外长和马来西亚副总理在泰国首都曼谷发表《东南亚国家联盟成立宣言》（即《曼谷宣言》），宣布东南亚国家联盟成立。从 20 世纪 80 年代开始，文莱、越南、老挝、缅甸和柬埔寨陆续加入，形成了人口超 5 亿、面积达 450 万平方公里、涵盖整个东南亚地区的 10 国集团。东盟秘书处设在印尼首都雅加达。

在成立之初，东盟还只是个保卫自身安全利益、与西方保持战略关系的联盟，活动仅限于经济和文化方面的合作。新加坡就是利用这个平台解决了与马来西亚和印尼的宿怨，同时与文莱、泰国、菲律宾保持着良好的关系。自 20 世纪 70 年代中期以来，新加坡开始把东盟作为第一外交重点，在应对柬埔寨问题①和促进经济区域合作方面，逐渐发挥着更积极但也很低调的作用。由它提出的“新柔廖成长三角”，作为区域经济合作的试验田，已成为东盟次区域经济合作最成功的典范。世纪之

① 1978 年 12 月，越南在苏联的支持下入侵柬埔寨，遭到新加坡的公开谴责。当时东盟内部存在两种解决方案：印尼和马来西亚主张宽容的外交方式，新加坡和泰国建议通过军事合作计划。后经新加坡努力协调，东盟各国统一了立场，于 1981 年 6 月第 14 届东盟外长会议上发表声明，反对越南对柬埔寨的武装侵略和占领，并获得中国、美国和联合国等的支持。

交及21世纪以来，新加坡在促成东盟的扩大、力促东盟自由贸易区的建立、推动东盟地区论坛的成立，以及在应对金融危机、促成《东盟宪章》的签署、推动东盟一体化进程等方面，发挥的作用令人刮目相看，成为推动本地区团结的领军人物。

有了东盟这个国际舞台，新加坡的外交政策也逐渐发生了改变，由建国之初的以求生存为目的的“生存外交”，演变成如今以推动本地区和平、稳定和发展为宗旨的“大国平衡外交”。纵观历史，这一地区从古至今就没消停过。荷兰、英国、日本、美国、苏联都曾相继染指这里。如今，当域外势力纷纷退去，如何促进本地区的长治久安，进而确保新加坡的持久和平与繁荣，是这个小国的领导人考虑的大问题。

鉴于本地区特殊的地缘战略位置，既然大国和强国纷纷不请自来，那就得玩好平衡术了，新加坡的“大国平衡战略”由此出笼，并逐渐被大多数东南亚国家所接受，成为该地区机制化的制度安排。目前，与东盟保持对话伙伴关系的国家包括美国、中国、俄罗斯、日本、印度、韩国、澳大利亚、加拿大、新西兰及欧盟成员国，都是个头不小的大国或经济强国。

首先，对美国的介入，新加坡是乐意看到的。20世纪70年代英军撤离后，新加坡转而依赖美国在东南亚的军事存在，以抵制苏联在本地区的扩张。如今，它又强化与美国的盟友关系，支持它的重返亚太战略，将其视为对日益崛起的中国的制衡。2000年，新美签署协议，在新加坡樟宜海军基地为美军修建用于停泊航母和巡洋舰的大型码头，2003年该码头完成，成为美国遏制马六甲海峡、进出印度洋、监视南海的桥头堡。总之，在新加坡的大国平衡战略中，要应对中国的影响力，美国是它需要借助的重要力量。

对于中国，新加坡的心态是矛盾的，也在不断变化。一方面,文化上的同宗同源让两国民众在情感上很自然地相互亲近;但另一方面,国家利益和地缘政治的因素又让新加坡对中国心存戒备。冷战时期,为了撇清与中国的关系,消除印尼和马来西亚的猜疑,新加坡虽然承认新中国,却不与之建立外交关系,而且向东盟承诺,要等其他东盟国家都与中国建立了外交关系之后,它才考虑与中国建交。事实上,新加坡的确信守了诺言,直到 1990 年 8 月中国与印尼复交后,它才于同年 10 月与中国正式建交,也是东盟 10 国中最后一个与中国建交的国家。建交之后,中新关系迅速发展,尤其是中国改革开放为新加坡经济发展注入了新的活力。新加坡重新调整了自己的对华战略,积极支持和参与中国的改革开放。“当时很多投资中国的海外华人都来自新加坡,两国间通过新加坡在国际上的特殊角色,给当时的中国以更多的发展机遇。”

早在 20 世纪 70 年代,尽管中新尚未建交,但李光耀却“预见中国巨大的发展潜能”,“深信一个和平发展、与世界接轨的中国必能惠及区域和世界”。① 曾为李光耀补习过中文的南洋理工大学蔡至礼博士讲起过这样一件事:中国改革开放之后,他在给李光耀上中文课的时候,李说他早就预见了中国的崛起。当时他们上课时正好学到“马后炮”这一词语。蔡博士就用这个词语调侃李光耀,说他这是在放“马后炮”。李光耀没作声,而是起身从书架上找出一份 70 年代印度托拉斯报业集团的报纸,上面记录着他的一段话,里面就有当时他对中国发展的预言。这说明,对世界发展大势和中国的崛起,李光耀是具有高瞻远瞩的眼光的。这就是他一生中 34 次来中国,与毛泽

① 引自李显龙《李光耀与新中关系》特辑的献词,转引自 http://military.china.com/important/11132797/20150323/119409340_all.html.

东、邓小平、江泽民、胡锦涛和习近平等中国的五代领导人都结下了友谊,成为中新关系的缔造者和奠基人的原因。

如今,中国的迅速崛起又让新加坡开始纠结了。一方面,与经济实力日益增强的中国交往,不仅能让自己搭上中国的经济快车,还可以抵消自己对美国和日本经济的过分依赖,防止日本在这一地区的势力过大。因此,新加坡积极支持中国提出的“一带一路”倡议,主动参与创建亚洲基础设施投资银行(亚投行),对中国的南海领土主张持建设性的态度。但另一方面,新加坡又担心中国的影响会在本地区形成一家独大的地缘格局,造成自己和其他东盟国家过分依赖中国的被动局面。出于这样的考虑,新加坡和东盟主动将各个大国拉进本地区事务,加强与各大国的军事、安全、外交和经济联系。对于美国的“亚太再平衡”战略,新加坡和其他东南亚国家是欢迎的,但同时又担心这一战略会过度军事化,尤其不愿陷入中美之间的“选边站”。

新加坡不仅靠娴熟的平衡术以小搏大、游刃有余地处理与各国的关系,而且还靠独树一帜的民间外交赢得了各国政要的好感,如“兰花外交”。

兰花是新加坡的国花。从 1956 年起,新加坡就开始用国家领导人或重要贵宾的名字为兰花命名,这一传统一直延续至今。

1893 年,生活在新加坡的亚美尼亚女士艾格尼丝·卓锦向新加坡植物园科学主任展示了一种兰花,并取名为“卓锦·万代兰”作为纪念。4 年后,这株兰花在伦敦皇家园艺展上荣获一等证书,在 1899 年的花展上又获得最稀有兰花头等奖,而后,“卓锦·万代兰”被选为新加坡国花。据统计,从 1893 年起,仅在新加坡注册和培植的兰花品种就有 2000 种。1956 年,为纪念新加坡总督夫人安·柏立基关心穷人的疾苦，热心从事公益活动，自治邦政府用她的名字命名了一株兰花，叫“安·柏立基蜻蜓兰”。从此，新加坡便启动了“贵宾兰花”计划，作为国家对贵宾的最高礼遇。凡以贵宾名字命名的兰花品种都不会在市场上销售，因此非常稀缺、珍贵。

新加坡国花——兰花

“兰花外交”增强了新加坡与其他国家的友好关系。迄今有200多株兰花以贵宾的名字命名，包括英国女王伊丽莎白二世、英国首相撒切尔夫人、英国黛安娜王妃、印度总理英迪拉·甘地、日本明仁天皇、南非总统纳尔逊·曼德拉和联合国秘书长科菲·安南等。1972年，英国准备把英军基地从新加坡撤走。为了继续维系与英国的纽带关系，赢得英国王室和政府的青睐，新加坡政府煞费苦心，利用英国女王访问植物园的机会，以她的名字命名了一株兰花，称为“伊丽莎白石斛兰”；又在英国首相撒切尔夫人访问新加坡时，把一株杂交兰花命名为“撒切尔夫人石斛兰”。这种花扭曲而且带刺，花顶上还有两个角。英国《每日电讯报》评论称，新加坡人用“铁娘子”的名字给这样的花命名似乎是想说些什么。2015年11月7日，中国国家主席习近平和夫人彭丽媛参观被列入世界文化遗产的新加坡植物园时，新加坡人也用他俩的名字为一种特殊品种的兰花命名，还特地举办了命名仪式。

新加坡这样一个小国，凭着自己的智慧、远见、坦诚和细腻，在国际社会中扮演了一个受人信赖的角色，在国际事务中发挥着远超自己体量的影响力。难怪相互仇恨了半个多世纪的美国和朝鲜,会把双方打破坚冰的第一次领导人会晤的“特金会”选在新加坡。难怪 2015 年 3 月 23 日新加坡建国总理李光耀去世后,会有那么多国家政要出席他的国葬仪式,包括马来西亚最高元首东姑阿都哈林、印尼总统佐科、泰国首相巴育、印度总理莫迪、柬埔寨首相洪森、老挝总理通邢、缅甸总统吴登盛、日本首相安倍晋三、以色列总统鲁文·里夫林、澳大利亚总理阿博特,以及中国国家副主席李源潮和代表美国总统奥巴马的前总统克林顿等。

下篇

新加坡与浙江

他们身上流淌着浙江血脉

明朝永乐年间(1403—1424),在郑和下西洋的宝船舰队里,有一位浙江会稽(绍兴)人,名叫马欢,信奉伊斯兰教,通晓阿拉伯文。他32岁起就随郑和三下西洋,官职通事(即翻译官),后将自己的经历写成《瀛涯胜览》。书中这样写道:"自占城向正南,好风船行八日到龙牙门。"①他也许是有史料记载的最早去过新加坡的浙江人。

据说直到100多年前,才有浙江人去新加坡谋生。然而具体是谁最先在那儿扎下根来,似乎无从考证。

1898年,有南渡新加坡的浙江人在一个叫惹兰里茅的地方购置了一处专门掩埋同乡遗骸的公墓,名曰"三江公墓",并在此地建了一座福德祠,中央供奉土地菩萨,两旁放置先人灵位,祠旁边还建了一座静山亭,上有对联一副:"四明子弟立异邦义重身勇财汇祖家;三江土地照同人志壮心坚名扬蛮方。"这副表达游子之心侨民之情的对联写于清光绪三十四年(1908),如果里面的"四明"是指浙江东部的四明山的话,那立这副对联的人应该是宁波人吧。

三江公墓把在新加坡打拼的浙江、江苏和江西的同乡联系

---

① 从多方面考证,龙牙门就是今日位于新加坡拉柏多公园海域和圣淘沙海岸之间的石叻门,也就是克佩尔海港。此地原有一块高6米的巨石,似龙牙,故名"龙牙门"。后英国海军为拓宽水道,于19世纪80年代将龙牙石炸毁。

在了一起。他们以“团结互助，联络感情，热心慈善，共谋福利”为宗旨，于 1906 年创建了新加坡三江公所，1927 年更名为“三江会馆”①。

在三江会馆的名人录中，有这样一位浙江人：

“陈来昌(1886—1965)，原籍浙江宁波奉化，天赋智慧，精敏过人。于一九〇二年弱冠南渡，初至马六甲经营木器业，刻苦努力，不数年即然露角。惟性厌该地风俗古旧，同乡稀少，遂即移居新加坡以图发展。首创万兴木器公所大展宏图，继创万兴国货公司于水仙门，向国内聘请人才，受业者，不计其数。最著者为陈岳书，胡鸿，胡嘉烈等。受先生之影响力后来自图发展，托余荫与‘兴’字，各立牌号曰侨兴曰鸿兴曰立兴。各自经营不同事业努力发展，皆成为三江帮中风云人物。”②

这段文字记载了曾任三江会馆总理的陈来昌在新加坡创业的故事。他自己克勤克俭，但对同乡公益却慷慨热心，与浙江同乡傅竺贤等老前辈一道，出资购置三江公墓，创立三江会馆，举办三江公学。1935 年又与宁波同乡李贤本、邱锡畴、王相贤等人发起组织宁波同乡会，由会长邵逸夫推选他为名誉会

① 三江会馆是新加坡宗乡会馆联合总会七大发起会馆之一，创建者为来自三江地区的傅竺贤、陆进发等人。早期“三江”指浙江、江苏和江西三省。1927 年更名后，“三江”的定义扩大了。凡属长江、黄河及黑龙江三大流域各省南来的华人，都属“三江”，均可入会。会馆曾创办三江公学，设立“失业公所”，创办“三江慈善诊疗所”及“三江安乐院”等。目前会馆设于三江公祠，有会员近 600 人。会馆下属公团包括上海公会(1918 年)、温州会馆(1923 年)、江西会馆(1935 年)、南洋华北同乡会(1935 年)、新加坡宁波同乡会(1937 年)、南洋湖北天门会馆(1964 年)。

② 新加坡三江会馆网址，http://www.samkiang.org/? p=223，2018-10-20.

长。他还担任中华总商会董事及怡和轩俱乐部①的要职，裨益侨国，厥功非浅，深受浙江同乡敬仰。

1912 年，又有三名温州永嘉的木匠离乡南渡，背着斧子和铁锤来到新加坡谋生。由于当时无人知道温州是个什么地方，三人无法向新加坡的英国移民官讲清楚自己的籍贯，只好说是上海人，还给自己的木器家具店挂上上海木器的招牌。当时，温州人在新加坡多以木匠为业，谋生不易，常靠同乡照应，如遇与他人冲突，还需有人出面调停。于是，1923 年，在新加坡已扎下根基的温州乡贤陈岳书和温州木匠金天放等人便提议创办"温州同乡会"，1931 年改名为"温州会馆"，成为温州人在海外成立的第一个温州籍侨团。后来，温州会馆又成为三江会馆的下属社团。

因为温州人多从事木器业，因此温州会馆供奉的是中国历史上著名的能工巧匠鲁班。鲁班的诞辰——每年的农历六月十三，自然也成了温州会馆的会庆日。每年的这一天，温州人开办的工厂会休业一天，在其他地方工作的温州同乡也会请好假，侨居新加坡的每户温州人家会选派一名家庭代表，聚拢到会馆，举行整整一天的活动。上午把鲁班神像从二楼请下礼堂，奉上祭品、香烛；下午则召开会员大会；晚上众乡亲济济一堂，在热闹又温馨的氛围中聚餐。

与三江会馆一样，温州会馆好善乐施，为在新加坡的温州人和新加坡社会做了很多好事，如：举办瓯江公学、侨南公学，传承中华文化和温州地方文化；设立教育基金，为贫穷的温州籍子弟提供就学机会；建立福利互助基金，帮助年迈孤寡老人

---

① 新加坡华人社团，创建于 1895 年，陈嘉庚、孙炳炎等东南亚著名华侨领袖曾任该俱乐部主席。

度过晚年;等等。此外,会馆还积极支持家乡温州的教育事业,如为温州大学捐赠了教学大楼。2008 年四川汶川大地震发生后,会馆立即组织会员捐赠,并专程将捐款捐物送到国内。

英国殖民统治时期,新加坡当局允许华人在中国的妻儿到新加坡与丈夫团聚。因此,很多温州人纷纷把自己的家人接到新加坡。据统计,仅 1956 年至 1966 年十年间,温州人的数量就激增到 5000 多人。大多数人基本上是子承父业,继续以木器业为生。据 20 世纪 50 年代的会馆调查统计数据,从事木器业的会员在 90%以上。到 60 年代中期,由于新加坡与马来西亚合并后与印尼的经贸关系几乎中断,新加坡经济不景气,殃及家具木器业,再加之木工机械逐步取代手工制作,许多温州人这才转向其他行业,如餐饮、建筑、木材贸易等。据 20 世纪 80 年代的调查,从事木器业的会员比例下降到 40%,到 90 年代甚至降到 15%。温州籍华人的职业更趋多元化,如餐饮经营者、会计师、建筑师、设计师、律师、技术顾问、工程师、医生、经理、技术员、军官和公务员等。

新加坡宁波同乡会成立的时间相对较晚。据同乡会简史记载,甬人(即宁波人)“性喜向外发展,故凡通都大邑,穷乡僻壤,无不有甬人足迹。在百多年前已有我甬人随闽粤先辈陆续南来谋生,或工或商,各业所业”。《慈溪县志》也载:甬人“四出营生,商旅遍天下”,“甚至东西南洋诸国亦措资结队而往开设廛肆”。20 世纪 30 年代中期,赴新加坡谋生的宁波人逐渐增多。为联络乡亲,沟通信息,达到互助互惠的目的,陈来昌、邵逸夫、余宝森、王相贤等宁波乡贤提议组建宁波同乡会。这一建议后来在邵逸夫的寿宴聚会上敲定。1937 年夏,新加坡宁波同乡会成立,邵逸夫任首任会长,陈来昌任首任名誉会长。可惜,同乡会刚刚运作了 4 年,新加坡就落入日本人之手,同乡会被迫解散，文史资料悉数尽毁。战争结束后，宁波乡贤主要服务于三江会馆。直到 1967 年，按照新加坡社团重新注册法令，宁波同乡会恢复建立。

早期去新加坡谋生的浙江人如陈来昌、陈岳书等人，主要从事木器业，后来又逐步扩展到建筑、房地产、百货、钢琴、眼镜、书店等行业，出现了一批成功的浙商，如建筑业巨擘水铭漳、琴行名商王相贤、百货大鳄胡嘉烈、影视界巨子邵氏兄弟，以及邵逸夫之子、房地产大亨邵维铭。如今，在新加坡究竟有多少浙籍华人？一说光温州籍华人就有四五万之多。1990 年新加坡与中国建交后，先后有数万名浙籍专业人士赴新加坡工作、创业，这当中包括许多企业家。目前，有约 10 万名浙商活跃在新加坡的各行各业。他们为新加坡社会的进步与繁荣做出了突出贡献，同时也为新加坡与浙江的经贸文化交流献计献策、尽心尽力。曾在 2003 年任新加坡温州会馆会长的余蒋江，就是其中之一。身为新加坡注册建筑师，博艺建筑设计院、BDL 建筑设计院董事长的他在参与新加坡基础设施建设的设计工作的同时，还积极投身公益事业，经常组织社区助学、助医、救灾等活动，因此荣获了新加坡政府颁发的公共服务勋章。该奖章由总统颁发，是新加坡一年颁发一次的重要奖项。

老一辈浙籍华人如此，新一辈浙籍华侨也人才辈出。新加坡浙商协会会长李国生就是其中的一员。

李国生出生在宁波余姚梨州街道明伟东张村的一个贫苦农家。1988 年上海交通大学毕业后到宁波北仑电厂工程公司工作。6 年之后，他受新加坡虎豹集团属下公司聘用，前往新加坡工作和定居，后转入新加坡报业控股集团任工程师，之后独资创立好利成私人有限公司，从事智能大楼工程及相关产品的营销，开始了他在异国他乡艰苦创业的人生旅程。

初到新加坡的他,首先感受到的是心理上的落差和孤独。在国内,他已经是在工作上独当一面的工程师了,可到了新加坡,他却只能做助理工程师,感觉徒有一身技能无法施展。“在名分上,我是助理工程师,但实际上充其量只是个技术员。”还有那种初到异乡时举目无亲的寂寞感。他曾经长达一个月没有和别人真正地交谈过一次话,“犹如陷入荒岛一样,那种寂寞是无边无际的”。但事业上的坎坷和心中无法排解的孤独,并没有将他击倒。儿时在乡下的艰苦生活培养了他坚韧的性格和毅力。面对高职低聘,他坦然处之,只把它当成人生新征途的又一次起步,踏踏实实地从基础工作做起。面对孤独,他积极融入当地社会,加入了许多社团,如新加坡李氏总会①、三江会馆、新加坡宁波同乡会等,广交朋友,真诚助人,他认为,“一个人,只有学会了待人处世,才能够学会做生意”。在担任新加坡华源会②秘书长期间,他组织各种活动,积极为新移民服务,帮助其尽快融入新加坡社会。创业时缺少资金,他靠着自己的积蓄一步步开展业务,积蓄用完了,就再回去打工赚钱。凭着这种顽强的毅力,他终于在新加坡站稳了脚跟,成为新加坡浙籍华人中的后起之秀。

在异国打拼成功的李国生并未忘记祖国家乡的养育之恩。

---

① 1906年注册成立,原名是李氏陇西公所,因李氏族人源自甘肃陇西(今甘肃省会兰州市与天水之间),故李氏宗亲团体多冠上陇西两字。总会以联络宗谊、团结互助、排难解纷、促进文化为宗旨。

② 2001年成立,主要由20世纪80年代以后从中国移民新加坡的新一代移民组成,是新加坡目前最大的综合性华侨组织,创始人为福建人王泉成。“华源”取“华人不忘祖国,饮水思源”之意,华源会的宗旨是:协助新移民更好地融入新加坡多元种族社会;促进会员间的信息交流与沟通;发扬互助友爱精神;促进会员与其他社团的友谊及交流;通过各类活动丰富会员及家人的业余生活;促进新加坡和中国两地商贸往来。

2013 年,为响应浙江省政府浙商回归、实现产业转型升级的号召,他联合旅居新加坡的新老浙江籍企业家,创办新加坡浙商协会,组织新加坡浙商来浙江省考察投资环境,联络两地企业相互对接开展合作,帮助浙江企业顺利融入新加坡社会,推动新加坡与浙江双边经贸往来和文化交流。2014 年,他组织了 100 家新加坡渠道企业与浙江 50 家具有优势的制造企业进行对接,有 5 对企业成功牵手。去年,为把新加坡的高科技项目带回浙江,他带领总部设在新加坡的法国公司 OASIS 负责人来到杭州滨江,围绕 OASIS 公司的核心新技术 eSIM 展开讨论。他敏锐地感觉到,SIM 卡经历了从原卡(Standard SIM)到标准卡(Mini SIM)到小卡(Micro SIM)再到超小卡(Nano SIM)四个阶段的发展,注定要被保密性、便捷性更强的 eSIM 卡所取代。随着物联网时代的来临,eSIM 卡必将颠覆许多行业现状。如果这项新技术能够惠及浙江,将有助于浙江制造业的转型升级,提升浙江制造的国际竞争力。他想促成浙江与 OASIS 公司开展合作,帮助家乡实现产业升级的宏伟目标。

前不久,李国生通过电子邮件向记者诉说了他对家乡的深厚感情:“尽管身在异国他乡,但中华民族几千年的文化无时无刻不在影响着我。我走得愈远,愈觉得我其实只是个余姚人。无论我走到世界哪个角落,凝聚余姚人生活智慧的‘老话’,不时在我脑海中浮现。”“是余姚给了我一份成长的自信,我深深地怀念我的家乡!”这份绿叶对根的情谊是许多旅居新加坡的新老浙籍华人的共同特点。

与新加坡工业园失之交臂

1994年2月26日,北京。

在中国国务院总理李鹏和新加坡总理吴作栋的见证下,李岚清副总理和李光耀内阁资政分别代表两国政府,签署了《关于合作开发建设苏州工业园区的协议书》《关于借鉴运用新加坡经济和公共管理经验的协议书》《关于合作开发苏州工业园区商务总协议书》三个重要文件,新加坡工业园正式落户苏州。

至此,一直沸沸扬扬说工业园要落户宁波(有人说是杭州)的坊间传闻终于有了分晓。苏州人民很得意,宁波人民很失落。

宁波从19世纪中叶开始就是中国的五大对外口岸之一,具有航运之利、通商之便和产业纵深的优势,本应是建设新加坡工业园的理想之地。不过,新加坡为何选择苏州而非宁波,现在纠结这一问题似乎没有什么必要了。但有一点是值得探讨的,那就是浙江从此走上了一条与江苏完全不同的经济发展之路,会不会与这一次的落选有关?

作为中国改革开放后第一个规模化的中外合建产业园,苏州工业园的一个重要特点是政府主导,这与新加坡裕廊工业园区如出一辙。此后,新加坡在中国其他地区又合作建设了几个园区项目,但苏州工业园是唯一一个新加坡政府参与的项目。借鉴裕廊工业园区的成功经验,苏州当地政府在工业园的规划建设与管理、产业发展战略与招商引资、公共行政管理与公共服务体系方面积极发挥主导作用,有规划、有目标、有选择地成批次引进国外高端项目,构筑“2+3”高端高薪特色产业[①],实现了从劳动密集型、技术密集型、资本密集型、科技密集型园区到如今的人才与创新密集型园区的跳跃式发展,引领江苏走上了一条外源式增长的经济发展之路。以 2012 年的数据为例,当年苏州市的实际利用外资为 91.65 亿美元,进出口总额 3056.92 亿美元。而同期,杭州市实际利用外资 49.61 亿美元,进出口总额 616.83 亿美元。当时,苏州的对外开放水平远高于杭州,苏州工业园的建设起到了关键作用。[②]

与新加坡工业园失之交臂,客观上促使浙江转而更加重视以地方民营经济为主体的内源式发展,走上了一条独具浙江特色的经济发展之路。这个特色就是以民营企业为主体,以劳动密集型制造业为基础,自力更生发展地方产业集群(即块状经济)。曾几何时,这一以市场为驱动的发展模式在浙江大地上全面开花,焕发出勃勃生机,同样也创造了属于浙江的经济奇迹。但是,这种以劳动密集型制造业为主体的产业集群目前却面临着转型升级的迫切压力,而国际经验表明,仅靠内源式发展的路径是无法快速实现产业升级的。

产业升级需要大量高端的产业资源、人力资源、技术资源、

---

① “2+3”特色产业体系中的“2”指电子信息、机械制造两大主导产业,“3”指生物医药、人工智能、纳米技术三大特色新兴产业。截至目前,该体系累计吸引外资项目 4800 多个,实际利用外资约 300 亿美元,92 家世界 500 强企业在区内投资了 156 个项目,外资研发机构 161 家。目前,园区内有科技创新型企业 4000 余家,国家高新技术企业 875 家,国家级创新基地 20 多个,公共技术服务平台 30 多个,与大院大所名校名企共建新型研发机构 500 余家,中外知名高等院校 29 所。

② 傅允生:《以中外合作产业园建设推动浙江产业升级》,《浙江经济》2014 年第 4 期,第 34—35 页。

产品和品牌资源。缺乏这些高端资源,产业升级就步履维艰。智慧的浙江人再一次把目光投向了世界,雄心勃勃地提出要实现内源发展与外源发展相结合的双轮驱动战略。在这样的背景下,浙江再一次与新加坡相遇。

2003 年 11 月,同样在北京,同样在两国总理的见证下,浙江—新加坡经济贸易理事会宣告成立。

浙新经贸理事会成立 15 年来,一共在新加坡和浙江的杭州、舟山、宁波、绍兴召开了 13 次理事会会议,开展了广泛的交流合作,可谓成果丰硕。如果把每次会议确定的合作领域和重点项目进行一番比较,结果很能说明一些问题。

2003 年,浙新经贸理事会第 1 次会议,合作领域:机械制造和软件开发。重点项目:在新加坡建立浙江第一个海外商务促进机构——新加坡浙江中心。

2006 年,浙新经贸理事会第 4 次会议,合作领域:在原有基础上新增教育培训、旅游业。重点项目:启动建设新加坡杭州科技园。

2008 年,浙新经贸理事会第 5 次会议,合作领域:IT 及服务外包、基础设施及港口物流、环境服务业、旅游业、人才培训、浙企国际化。

2010 年,浙新经贸理事会第 6 次会议,合作领域:经贸、环境服务、交通和物流、通信科技、旅游业、现代化服务等六大领域。重点项目:杭州—新加坡低碳科技园、新加坡国际企业发展局与宁波市政府合作项目。

2011 年,浙新经贸理事会第 7 次会议,合作领域:沿海开发,尤其是船舶、新型装备制造、港口建设等临港产业,海事、港口、海洋旅游、城市规划等。重点项目:万邦船业、太平洋海工和奥德曼旅业合作项目、舟山海洋科学城总体设计等。

2012年，浙新经贸理事会第8次会议，重点项目：创建“国家级嵊州(新加坡)高新技术产业园区”、“国家低碳经济示范园区”、国家“新型工业化产业示范基地”和国际“生态工业园区示范基地”，推动嵊州工业经济转型升级。

2013年，浙新经贸理事会第9次会议，合作领域：海洋经济、贸易与国际化、现代服务业、可持续发展，吸引新加坡港口开发、航运物流、海洋工程、节能环保、养老保健、教育文化、城镇建设等行业来浙投资。重点项目：新加坡吉宝集团在舟山的水务规划项目、新加坡伊顿国际教育集团在杭州的幼儿教育项目、新加坡盛邦咨询公司在余杭塘栖的“欢乐小镇”规划项目、新加坡绿色建筑委员会在杭州低碳科技园的新加坡企业中心。

2014年，浙新经贸理事会第10次会议，合作领域：海洋经济、智慧城市、节能环保、小城镇建设、教育医疗、贸易旅游、社会管理等。重点项目：新加坡丰树集团在宁波的现代创新产业基地、绍兴滨海新城建设浙新战略合作平台、新加坡盛邦国际参与杭州湾新区建设七彩小镇、新加坡奥瑞安公司在浙江上虞的化工项目、舟山海洋工程平台及船舶出口、浙江正泰集团赠新加坡华中国际学校10千瓦屋顶光伏系统、浙江物产集团与新加坡星展银行金融合作、浙江永安期货与新加坡辉立期货国际化合作、新加坡伊顿教育集团在浙江的第二家国际学校等。

2015年，浙新经贸理事会第11次会议，合作领域：“一带一路”倡议、海洋经济开发、“互联网+”产业经济发展、浙江产业升级与经济转型、生态环境保护。重点项目：浙江大学—新加坡管理大学联合创新中心、新加坡麻省理工技术研究联盟及新加坡投资公司 Venturecraft 公司创新中心项目、杭州高新区(滨江)“智慧教育”项目、瓜沥城镇化项目、宁波国际贸易通关单证数据共享应用项目等。

2017年,浙新经贸理事会第12次会议,合作领域:商贸物流、城市规划、园区建设、教育科技、高端制造、环境保护、文化创意、石化产业。重点项目:新加坡(杭州)科技园,包括奥克兰大学中国创新研究院、礼来亚洲基金创新中心(奕真生物)、术创机器人、SMART中国创新中心、觅瑞生物科技等高新科技企业、瓜沥七彩小镇等。

2018年,浙新经贸理事会第13次会议,合作领域:围绕中国(浙江)自由贸易试验区、杭州湾经济区等重大平台,深化两地在高新园区、投资贸易、港口物流、信息技术、跨境电商、青年人文交流等方面的合作。重点项目:油品贸易和海事服务、科技创新、文化旅游及青年交流、金融连通、法律及专业服务、可持续城市管理项目等。

在比较了历次经贸理事会的议题之后,给人最直观的感觉是,浙新双方的合作由点到面,由“硬”到“软”,覆盖的领域越展越宽,科技的含量越来越高,项目的清单越拉越长。从在杭州建立科技园一个点,扩展到各种项目广泛分布到全省多点,从单一的制造业和信息产业领域,扩展到经贸、金融、航运、海事、环保、旅游、教育、城市规划、自贸区建设、杭州湾经济区建设、“一带一路”倡议,以及浙江的创新发展、协调发展和开放发展等更广更深的领域,从园区、厂房、设施、设备等硬件建设,扩展到社会管理、可持续城市管理、制度创新、法律服务、科技服务、文化创新、教育培训、文化交流、青年创新创业等软件建设,浙新的合作可谓日新月异,成绩喜人。

比如,在对外贸易方面,2016年,两地的货物贸易额实现了31.8亿美元,2017年,货物贸易额达到39.5亿美元。其中,浙江向新加坡出口15.9亿美元,主要商品为成品油、船舶、服装、安防产品等。浙江向新加坡进口23.6亿美元,主要商品为初级形状的塑料、成品油、二甲苯等。

再如，在外商投资方面，新加坡成为浙江第三大外资来源地，累计在浙江投资设立1201家企业，合同外资80.7亿美元，实际外资55亿美元。浙江成为新加坡企业投资的重要目的地，已成功实施的项目包括杭州腾飞科技园、来福士中心、凯德龙湾、西溪悦榕庄、宁波来福士广场、舟山万邦永跃、南洋之星修造船、舟山嵊泗徐公岛海洋旅游开发、新加坡视频厂商联合会在义乌国际商贸城进口馆设立的“新加坡食品中心”等。

另外，在对外投资方面，浙江在新加坡投资累计共有186家企业，投资总额为21.8亿美元，以大宗商品贸易、工程承包和设立地区总部为主，包括浙江物产集团、杭州钢铁集团、萧山中球冠集团、万马集团、龙盛集团、万向集团、恒逸石化、杭州热联集团、荣盛石化、青山钢铁、浙江建设、浙江恒誉建设、浙江城建集团、宁波市政建设、南华期货、阿里巴巴集团、娃哈哈、胡庆余堂、杭州祐康集团等在内的浙企在新加坡的业务发展势头良好。新加坡成为浙江第八大对外投资目的地，是浙江企业拓展东盟乃至全球市场的重要平台。

但是，当我们透过这些耀眼的成绩，深入分析这些年来浙新合作的发展演变过程之后，有两个发现很耐人寻味。

第一，浙江省在积极引进新加坡高端资源的同时，依然坚持把市场导向作为合作项目的内生动力，把民营企业在内源式发展模式中表现出的活力与引进国外高端资源结合起来，充分展现了浙江人的务实精神。比如2003年，虽然浙新合作一开始仍因循双方合作共建工业园区的传统模式，但与苏州工业园不同的是，杭州新加坡科技园更强调运用市场化手段，鼓励企业积极参与运作。用通俗的话讲，就是政府搭台，企业唱戏。为此，浙新经贸理事会把自己的功能定位为指导、促进和协调浙新两地的经贸交流与合作，实现优势互补、互利共赢，赋予双方企业更大的运作自主权，发挥市场作用，激发企业活力，尤其是浙企的活力。

第二，浙江省在确立与新加坡的合作领域、选择合作项目的时候，善于把握自身优势，补齐发展短板，把现存的优势发挥好，把潜在的优势释放足，充分体现出浙江人的精明。比如，2011 年舟山成为中国继上海浦东新区、天津滨海新区、重庆两江新区后的又一个国家级新区之后，当年的浙新经贸理事会会议立马移师舟山，现场谋划，把沿海开发、海洋经济、海事服务、港口开发、航运物流等作为此后的重点合作领域。2017 年中国(浙江)自由贸易试验区在舟山群岛新区设立之后，2018 年第 13 次浙新经贸理事会就马上确定把自贸试验区作为浙新双方的重大平台，开展油品贸易、海事服务等合作，尤其是在油品贸易便利化方面把新加坡作为学习的样板。

2017 年 4 月 18 日，中石化浙江舟山石油有限公司的“易达 5”号供油船满载 5000 吨保税燃料油，从舟山岙山保税燃料油库码头出发，缓缓驶向上海洋山港，为停泊在那里的巴拿马籍 PARABURDOO 轮供油。但与以往不同的是，加油完毕之后，这艘供油船仍停在原地，等待为下一艘国际航行船舶供油。跟之前一对一的加油模式相比，现在供油船在一个作业航次内，可同时给多艘国际航行船舶供油，运输成本大大降低。

2018 年 8 月 27 日，在中国(浙江)自贸试验区某企业的油库内，两种不同商品编码合计 4.5 万吨的保税油品在油罐内完成混兑调和，变成可以直接为船舶加注的保税燃料油，从而降低成本。

这两项举措就是浙江自贸试验区自正式挂牌以来，在对标新加坡之后推出的一系列旨在推动油品贸易便利化的举措中的一部分。“跨关区直供”“外锚地供油”“内锚地加油”“一船多供”“全天候供油”“同商品编码保税油品混兑”“不同商品编码下保税油品混兑”“海上浮仓”等，这些都是新加坡在打造全球航运中心和金融中心时所采取的创新举措。2016年，新加坡保税燃料油直供量为4500万吨①，位列全球第一，而且每吨的价格比中国国内要低20美元左右。这部分差价主要是从运输成本、税收、加工方式等方面省出来的。

根据新加坡的发展经验，油品贸易还需要有完善的金融服务体系。目前，浙江自贸试验区正在探索建立与自贸区相适应的账户管理体系。在条件成熟时，允许中外资银行在自贸区内设立分支机构和专营机构，允许自贸试验区开展油品现期货交易，初期采用双币种计价、结算，逐步探索采用人民币计价、结算，进而推动人民币国际化进程。

2018年5月9日，浙江省委书记车俊在全省对外开放大会上说：“宁波舟山港要在港口智能化、现代航运服务发展、综合环境优化上下功夫，对标新加坡港、上海港实施新一轮降费提效行动，进一步降低通关时间和通关费用，加快建成运输效率高、服务质量最优的国际强港。”而就在2018年4月，浙江石油股份有限公司就与国际商品贸易巨头嘉能可(Glencore)共建国内首家原油贸易类合资企业，为浙江大宗商品的自由贸易再添硕果。同年8月，浙江海港集团又与维多亚洲公司在舟山和新加坡分别成立合资企业，开展保税燃油有关业务，主攻舟山正在不断开放的保税船燃混调业务。一出由政府、国企、民企同心协力，与国际贸易巨擘联手上演的世界原油贸易和船供的精

① 2016年，舟山的保税燃料油直供量为108万吨，2017年为200万吨，远期目标为2000万吨。

彩大戏正徐徐展开。看来,浙江省奋起直追世界一流航运中心的集结号已经吹响了。

20 多年前,浙江人也许会因为错失了与新加坡共建工业园的良机而惋惜。但如今的浙江人已不会再为一区一园的得失而纠结了,因为他们对接的是国家战略,瞄准的是世界一流,谋划的是走在前列、走向世界。他们顺应时代潮流,发扬敢为天下先的精神,率先到世界市场的汪洋大海中去游泳,信心满满,渐入佳境。对外开放的力度之恢宏,领域之宽广,目标之远大,志向之高远,如今的浙江已经成为包括新加坡在内的世界各国主动对接、开展合作的重要省份。正如新加坡文化、社区及青年部前任部长傅海燕曾经说的那样:“浙江省正在加快对接‘一带一路’建设,与沿线国家投资贸易额巨大且增长迅速。而新加坡作为国际金融中心和亚洲最大的商品和石油贸易枢纽,在‘一带一路’倡议中,可以成为浙江企业在东南亚,以及亚太市场的重要连接点。”

同是弄潮儿

在潮起潮落的钱塘江畔，大金球——杭州国际会议中心洲际酒店，形似光芒万丈的金色太阳，与犹如婉约低回的银色弯月的杭州大剧院交相辉映，构成了一幅“日月同辉”的雄浑图景，成为杭州又一个独一无二的城市符号和崭新地标。

而管理这座城市新地标的，是在杭州打拼了多年的新加坡酒店管理专家李国雄。

2017年底，浙报集团杭州分社推出“走进杭州城市新中心”系列报道，首站就是大金球——杭州洲际酒店。《江景、灯光秀、穹顶泳池……钱塘江边“大金球”邀你免费入住，约吗？》，网友可凭“一句话表白”获得入住钱塘江江景房的福利。

殊不知，网友们的真挚留言却让李国雄遭遇“最艰难的选择”。

有网友这样写道：“我是一名底层的规划设计师，多少个通宵达旦的夜晚，多少个修改方案，钱江新城的建设倾注了我们设计师一点一滴的心血。虽然日月同辉的创意并不是我们成就的，但后期的控制性规划调整还是我们跟上的，又是忙成狗的日日夜夜。这么深厚的感情和付出，却一直还没有机会在大金球一线江景房里住上一晚，俯瞰自己倾注了无数心血的新城！”

另一位网友写道：“去年B20(20国集团工商峰会)还历历在目。从面试成为志愿者到被选入宴会厅，3个月的紧张培训和翻台演练，次次都振奋人心，也很佩服我们这个百人团队。一年多过去了，希望有机会和大金球重逢，向自己挥洒过汗水的地方致敬。”

一位在G20杭州峰会期间为美丽杭城赋诗一首的农民工写道：“人生应该是清贫而非穷困，不该被固定的思维困顿，已过不惑之年，但也渴望诗与远方。江景、灯光秀，穹顶泳池……见一见也算是朝闻道。”

一位年轻母亲写道：“宝宝出生在这座美丽的城市，成了一个幸福的小杭州人，想带他赏江景，看灯光秀，体验美之视觉盛宴，感受迷之满满幸福，带上相机，在大金球里记录下他的美好婴儿时期，我们可以和大金球待上一整天，然后开心一整年。”

读着这一条条感人肺腑的留言，身为酒店总经理的李国雄心潮澎湃。他说：“网友们与大金球的故事，朴实、平凡且美好，让我感到莫名亲近。曾以为大金球只融入自己的生命里，却没想到，它也融入每个人的生活中。”在得知有幸获得入住大金球江景房福利的网友“茱絑”是一家四口，有两个孩子的时候，李国雄当即决定将江景房升级为杭州洲际酒店最好的套房，让这位曾为美丽杭州付出辛勤汗水的建设者欣赏钱江新城的美景。“大金球属于杭州，希望邂逅过它的每个人，都能有一个不同寻常的体验。”

只有与浙江人一道在这片热土上打拼过的外国人，才会有这样的感同身受。只有亲历过浙江翻天覆地变化的外国人，才会为这片异乡的日新月异感到震撼和激动。

2004年，李国雄离开新加坡，第一次来杭州打拼，两年后离开。那时的杭州很难让人将它与时尚、现代、大气、国际化等字眼联系起来，最繁华的地方莫过于西湖附近一带，钱塘江似乎是在很遥远的地方。10年之后的2014年，李国雄再次来到杭州，钱塘江边屹立起一座国际化新城，还有杭州国际会议中心、浙江财富金融中心、来福士广场、杭州大剧院……一个个地标性建筑拔地而起。李国雄感叹道："可能杭州市民未必会对城市的变化有特别明显的感觉，但对于我这样时隔多年重新来到杭州的外国人而言，这座城市的巨大发展带给我的震撼是难以形容的。"

2014 年，先后任职于香格里拉、文华东方、洲际酒店集团等知名国际酒店集团，足迹遍布中国各地、日本东京和新加坡的李国雄，身怀 20 多年管理国际顶级奢华酒店的绝技，担任杭州洲际酒店总经理和洲际酒店集团浙江区地区总经理。上任没多久，正值杭州紧锣密鼓筹办 20 国集团领导人第 11 次峰会(G20 杭州峰会)，酒店就承担了接待即将同时召开的 20 国集团工商峰会(B20 杭州峰会)的重任。虽然李国雄不乏服务大型国际会议的经验，但如此高规格的国际盛会，他还是第一次碰到。峰会的高标准和严要求给了他和整个团队巨大的压力。如今回忆起那场会议，李国雄不禁感慨："如此重要的会议曾经在我们杭州洲际酒店举行。身为一个老外并参与其中，我感到无比骄傲与自豪。对那场会议的感悟太多太多，但是最想说的是，当所有人齐心协力去完成一个看似遥不可及的目标时，那个目标就变得不再遥远。"

李国雄提及的那件"看似遥不可及的"事，说的是 B20 杭州峰会期间，按照杭州市峰会筹备办公室的要求，需要酒店在一个半小时内将拥有 1200 个座位的会场变成 800 个座位的宴会厅，共涉及 71 张圆桌、近万件餐盘、百组鲜花、近千把椅子的精准摆放，用酒店管理的行话说，这叫"翻台"。为达到 B20 高效精准的服务标准，酒店组织百人团队每天训练长达 8 小时，演练，重来，再演练，再重来，不达标准，绝不放弃，终于创造了"35

分钟翻台"的行业纪录，这样的速度，比峰会筹备办要求的一个半小时提前了近一个小时。一位参会国际代表用"大卫·科波菲尔"①来形容这次翻台。

如今，每年在杭州国际会议中心举行的各种会议和活动不下700场。李国雄带领自己的团队在运营、接待、服务方面专心致志，精益求精，为金砖五国财务部长会议、中东欧国家文化合作部长论坛等重磅国际会议和许多大型活动提供了出色的服务。虽然在新加坡出生、长大，但李国雄对中国文化并不陌生。这位儒雅、谦逊、细腻、爱说爱笑的外籍高管熟谙中华儒家思想中的待人之理、管理之道，以客为尊，以人为本，对待顾客体贴周到，替人着想，为网友"茱絑"升级江景房一事就是很好的例证；对待员工谦虚和蔼，知人善用，酒店的员工都把他当成"男神"，并乐于与之亲近。在新加坡多元文化环境中成长起来的他，对杭州地方文化特别敏感。他说："城市国际化的过程中不应失去其原有的韵味。杭州的可贵之处不仅在于现代化城市的高速发展，而且还保留着典雅的风貌。"为了让杭州文化融入国际化的酒店服务，李国雄注重在细节上下功夫，比如，在会议的茶歇中精心准备了杭州的葱包烩和定胜糕，让礼宾司学讲关于白娘子和雷峰塔的爱情故事，等等。他希望，今后来到杭州的外国人可以在国际化的酒店里，感受杭州这座城市，带着对文化分享的渴望，回到自己的国度。

鉴于李国雄为浙江省和杭州市所做出的突出贡献，杭州市、浙江省先后于2015年和2016年授予他"钱江友谊奖"和"西湖友谊奖"两项荣誉，李国雄成为唯一一位来自酒店业的外

---

① 美国当代著名魔术师。此处形容酒店如此神速的"翻台"犹如耍魔术。

国获奖者。这是省市政府授予外国专家的最高荣誉。

一方水土养一方人。新加坡和浙江的大江大海哺育了一批批勇于创业、敢为人先的弄潮儿。李国雄是新加坡人在浙江奋斗的代表，而方剑刚则是浙江人在新加坡创业的典型之一。

1997年，23岁的浙江农村小伙子方剑刚花了4000元的中介费，费尽艰辛到了新加坡，在一家电子厂做最底层的技术员。那个时候，他只想打几年工，赚些钱回国买套房子，做点小买卖。上班第一天，方剑刚面对厂里从未见过的机械设备，有些不知所措。当时，他周围的中国同事都是名牌大学的毕业生，而家境贫困的他却没有上过一天大学，只是靠平时的自学掌握了一点点电器维修技能。但他并没有因自卑而放弃，而是跟着厂里的熟练工一点一滴地学，或通过网络学习技术知识，很快就掌握了厂里机器设备的修理和养护技术，得到公司的认可。两年合约到期时，他被留了下来。

这一留就是几十年。

这期间，他靠自学通过了新加坡技术等级考试，薪水在8年内连升5次，从最初每月1000新元的底薪，增加到每月4000新元。持有了8年的WP准证也换成了SP准证①。

但是，方剑刚不是一个满足现状、小富即安的人。他觉得商场瞬息万变，不能把自己的未来完全维系在某一家公司身上。自己没什么学历，万一公司受经济或其他因素影响裁员，

---

① 新加坡人力部发给外籍人士在新加坡工作的许可证。WP(Work Pass)准证是最低阶的工作准证，无文凭要求，不可延期。若要延期，须重新申请。不可随意出入新加坡。一旦离职，准证自动失效。此证一般发给薪资低于2000新元的非技术性外国劳工。SP(Special Pass)准证叫特别准证，是发给具有特别技能或持有大专资历的外籍人士的工作准证，薪资通常在1800—2500新元，甚至以上，期限多为1年或2年。

再要找到同样薪水的工作就很难了。于是,他萌发了自主创业的想法。

可要想在市场相对成熟的新加坡寻找创业的机会,谈何容易?

经过一年多的市场调研,方剑刚最终选中了一个名叫“升华转印数码印花”的项目,并拿出自己辛苦积攒下来的数万新元积蓄,投资成立了一家名叫 YIMAGE 印象工作室的企业。有人问他为什么敢把自己的大部分积蓄投到这个项目上。他回答说:“主要是在中国有朋友做相关生意,所以有很多资源和经验可以借用,我有信心。”

升华转印技术通过将热升华转印油墨印刷到纸或塑料膜上,然后再将印好图文的纸或膜与织物重叠在一起加热、加压,纸或膜上的染料就成气相状态升华转移到织物上。这项技术与数码技术结合后,可以把个人喜爱的图案、文字印在各种 T 恤、亲子装、帽子和日常生活用品上,能满足顾客各种个性化的需求。与传统印花相比,这项新技术的图案层次丰富,色彩艳丽,再现性好,很适合大量生产,也能进行小批量、个性化定制。最重要的是,印制成型后,油墨层与产品表面融为一体,提高了产品的档次。凭借这些优势,方剑刚很快迎来了第一个客户,为一家网店印制个性 T 恤衫。

刚开始,淘到第一桶金的方剑刚满怀信心,一心想着跟大公司做生意。可心气很高的他却屡屡碰壁。作为一个新生的小公司,产品没有品牌,市场开拓遭遇到了瓶颈。渐渐地,方剑刚改变了自己的想法,从一笔一笔的小生意做起,从满足每一位顾客的个性化需求做起。他说:“不管生意大小,都一样真诚对待。哪怕客户只要一件,我也会从东部跑到西部给送过去。刚开始做生意,要让客户看到诚意。”他认为,办企业不仅产品要好，贴心、精致的服务更重要。“有些客户要印书签，我们公司不能做，我就介绍给其他能做的印刷公司。”有朋友告诉他这样做会流失客户，是同业竞争中所忌讳的。可事实证明，这些客户更依赖他了，有相关的业务就联系他。因为在客户看来，印务方面的事，只要找到方剑刚就能得到圆满解决，即便他做不了，他也会帮忙寻找厂家。他说：“慢慢发现，不要完完全全从利益的角度出发，往往收获要比预想中更多。”

创业之初，方剑刚一个人身兼数职，调试设备，辅助印刷，协调运作，开拓市场，售后服务，哪一样他都亲力亲为。在工作室开张的头两个月里，他每天都是半夜 2 点才休息，早上 7 点就起床。“创业就要做好吃苦耐劳和承受压力的准备，无论多苦多累，都要挺过来。”

方剑刚的产品和服务逐渐受到了客户的青睐，订单接踵而来。他立刻抓住市场的需求，不失时机地增加新设备，扩大业务范围，承接了游艇俱乐部、帆船俱乐部等广告宣传品的印制，还为新加坡国家环境局印制海报，为摄影器材店制作参加电脑展的服装和条幅，为舞蹈培训学校的学生定做特色服装，等等。公司的生意越做越大，品牌效应也日渐显现。

方剑刚不仅能吃苦，还善于学习，敢于尝试。在新加坡报业控股举办的世界书展的一个讲座上，他学到了一种“智力众筹空间”的经营理念，并马上在自己的创业中进行尝试。如今，在他的工作室里，竟然没有一个全职员工！从制图设计师、产品研发师、摄影师到生产员工，全都是他在网络上搜罗来的在新加坡的中国新移民，他们都有各自的主业，业余时间做兼职。比如，负责产品研发的 Daniel 来自北京，对工作室目前的运作模式非常认可：“现在流行资源整合，把大家的长处集合起来发挥所长，这样我们才能更有竞争力。”摄影师小狼的主业是审计师,他来工作室的目的是想找个平台施展自己的摄影技艺,偶尔需要模特儿时,他也亲自上阵。方剑刚坦言,这种运作模式也许只适合他这种小公司的起步阶段。但目前来看,的确节省了很大一部分开支,有助于小本经营的资金周转。下一步要怎么走,还得慢慢看。“水深水浅只有脚踩进去才清楚。”一向谨小慎微的方剑刚在瞬息变化的市场洪流中,还是勇敢地迈出了这一步。他很乐观,因为在他看来,自己在异国他乡已经搭建起了一个能够施展自己才能的平台。

如果说方剑刚的小微企业为自己在新加坡开拓了一个自食其力的营生渠道,那么,浙大学子仇元福创办的优哲(USER)涉足的则是当今智能时代国际竞争日趋激烈的高端行业——用户体验研究与设计。

何为用户体验?

2018 年中国“两会”期间,政协委员叶友达提出了一个发人深省的疑问:2017 年发明专利申请量 138.2 万件,同比增长 14.2%。国内(不含港澳台)发明专利拥有量为 135.6 万件,每万人口发明专利拥有量达 9.8 件。一边是逐年增加的专利拥有量,另一边是大量科技成果难以转化,问题究竟出在哪里?“说白了,就是我们在产品和服务的设计阶段时没有充分考虑用户‘能不能用’‘好不好用’的问题,造成很多创新设计好看不中用。”为此,叶友达向大会提交了《关于鼓励基于用户体验的设计创新,加速科技创新成果转化的提案》,提出基于用户体验的设计创新是加速转化科技创新成果的有效工具,呼吁重视用户对产品、系统、服务使用或者预期使用的态度和反馈,从国家层面启动基于用户体验的设计创新倡议,构建用户体验设计创新战略和行动纲领。

相比中国,新加坡在用户体验的研究与设计领域则比较成熟。而在该行业领先亚洲、能与欧美同行进行竞争的是仇元福领导的新加坡最大的用户体验研究企业——优哲用户体验咨询公司。

2003 年，在浙江大学读完机械制造与自动化本科专业和电子商务硕士专业的仇元福赴新加坡南洋理工大学攻读博士学位。到校后，系主任告诉他，他的导师是世界知名的用户体验领导者、瑞典专家马丁·赫兰德(Martin Helander)。但在当时，用户体验在全球还是个新概念，涉及的学科庞杂，除了工业设计、工业制造、计算机科学与技术、人工智能等领域外，还包括心理学、文化学、社会科学等学科。仇元福当时没听说过这个领域，觉得这个学科太宽泛，挺虚幻，内心还有点犹豫。但系主任语重心长地对他说："要珍惜这样的机会，你的导师在用户体验这一领域是全世界前五位的，将来这个行业前景会非常好。"

果然，不到 10 年，用户体验便成为引领当今世界设计领域的先锋概念，成为推动苹果、惠普、谷歌、IBM、Autodesk 等世界著名企业不断创新发展的活力之源。

仇元福

仇元福花了整整三年的时间，广泛涉猎各个学科，不断开拓思维和视野，不仅学习掌握人机交互的最新技术，更注重提高对人、市场、世界的透彻了解，以及语言，尤其是英语语言的表达能力，从一个“码农”的工科思维，转化到用户体验的思维，终于达到了用户体验专业所要求的综合能力水平，成为当时新加坡用户体验专业第一个毕业的博士。

2010 年，已经在 Autodesk、惠普、新加坡电信公司、英国电商平台 element14 等国际知名企业摸爬滚打了多年的仇元福毅然决然地辞去高层管理职务，成立了自己的用户体验研究公司，开始人生的第二次创业。用他的话说：“创业一直是我的一个梦想。在用户体验领域这么多年，我为什么不用我的经验来服务更多的公司?”当然，在仇元福的创业壮举中，还包含着另一腔热情：“以前中国的技术和产品都是低端的东西，全世界都有这个概念。这两年变化很大，特别是通过阿里巴巴、支付宝、互联网的崛起，改变了世界对中国的认识。在这个基础上，我希望用中国的产品技术来推动用户体验的一些方式，把品质、形象、品牌在全球做得更好。以前在外企帮欧美公司做了很多落户亚洲的概念，现在我希望有机会能帮助中国的企业走出去。”

仇元福旗下的优哲用户体验咨询公司包含四部分业务：一是互联网用户体验咨询、优化和管理；二是从电子商务的架构设计到运营；三是手机软件的创新设计和开发，包括苹果、安卓系统等；四是针对全球化和专注亚洲的网络推广与营销。公司目前拥有 50 余名来自新加坡、中国、日本、越南的用户研究员、策划师、设计师和软件开发工程师，配备了全新的免费观察室、录像设备、眼动仪追踪设备，为政府门户网站可用性测试，手机界面设计与定制，在线教育平台、新闻平台和数字杂志的网站设计，Paypal 集成，付款网关发展，信用卡付款整合和电子商务平台发展，旅游社交网络和电子地图系统，WeChat 和 SEO 服务等数字营销，客户关系管理系统、企业资源计划和招商管理系统等企业软件解决方案建立了 100 多个经验模型和 500 多个设计模式。客户包括新加坡教育部、新加坡国内税务局、新加坡技术局、南洋理工大学、新加坡教育学院，以及惠普、三星、横河电机等世界 500 强公司和亚洲 ASME 等。

在异国他乡创业奋斗的仇元福并没有忘记自己报效祖国、服务浙江的初心。他敏锐地觉察到，在中国，尤其在制造业和创新大省浙江，用户体验的理念已逐渐深入人心，用户体验的研究与设计正方兴未艾，但依然任重道远。从之前中国人通宵达旦排队抢购苹果手机，浙江游客在日本抢购电饭煲和马桶盖中，他看到了人们对美好生活的向往与生产力的不平衡不充分发展的矛盾，看到了中国供给侧结构性改革的必要性，看到了人们对用户体验创新设计的强劲需求。从浙江省力推的“最多跑一次”改革背后让数据跑起来的创举，杭州智慧城市建设中各种管理系统和便民平台的创新设计中，他看到了用户体验在中国的无限机遇和发展的广阔空间。从浙江企业纷纷走出去、开辟新市场、服务新顾客、参与国际竞争的浪潮中，他还看到了帮助其建立“以用户为中心”的创新驱动发展模式的紧迫性。为此，他把自己的公司定位在融合中西、面向亚太、服务中国企业走出去的发展战略上。用他的话说：“我们最大的优势就是既有对东方文化的理解，又接受了欧美先进理念的教育，了解西方文化，既能帮助国际大公司做本地化的工作，也能更好地帮助中国企业走向世界。”

“弄潮儿向涛头立，手把红旗旗不湿。”像李国雄、仇元福、方剑刚这样在异国他乡创业奋斗的新加坡和浙江年轻人还有很多很多。他们在浙新两地日益密切的经贸文化交往中，在科技、产业、经贸、文教、城乡建设等领域里，发挥着越来越显著的作用，已经成为推动当地社会经济发展，增进新加坡与浙江经贸、人文、科技交流的生力军。

浙江名校长新加坡修行记

2017 年 11 月 10 日，35 位浙江省中小学名校长怀着对美丽的花园之国的无限憧憬，登上东航飞往新加坡的国际航班，开启了令人难忘的新加坡教育研修之旅。

这是浙江省教育厅与国家留学基金委合作设立的“浙江省中小学名校长赴新加坡研修项目”，目前已累计派出了 3 期共 104 名学员。这些学员个个都是浙江各地中小学的优秀校长，他们将在新加坡南洋理工大学国立教育学院研修 3 个月，以专题讲座、课题研讨、学校交流、教师座谈、现场观摩、个人访谈等形式，了解新加坡的教育政策、课程规划、教师成长、品德教育、课程创新、课堂管理、育人文化，特别是新加坡学校促进学生全人发展的创新举措。

临行时，教育厅外事处的蓝副处长语重心长地叮嘱校长们要做好三个转变：“一要做好从校长到学生的角色转变，二要做好以办公室为主到以教室为主的转变，三要做好想吃什么就吃什么到能吃什么就吃什么的转变。一定要珍惜机会好好学习，回来后为教育事业发展做出更大贡献！”

果然，浙江的校长们刚一下飞机，就被上了一堂生动的法制教育和德育课。

10 日下午 3 点 30 分，飞机降落在新加坡樟宜国际机场。在过海关时，校长们惊奇地发现，所有行李并没有打开检查。于是，几个有烟瘾的人有些后悔了，早知道这样，干吗不往行李箱里偷偷塞上几包呢？前来接站的新加坡老师看出了大家的疑惑，笑着问道：“大家过海关都没检查吧，有烟瘾的可能会后悔没带上两条？可法律是用来遵守的，不仅仅是用来惩罚的，信任才是最好的遵守。”一席话让校长们颇有感触，遵纪守法果真已经内化成了新加坡人的自觉行为，那些对钻制度的空子习以为常，甚至引以为傲的小聪明，在这个国家很少见。

校长们的疑惑还远不止这一点。原以为新加坡人遵纪守法的习惯是靠罚款罚出来的，但在这个熙熙攘攘的国度中，他们却几乎没有看到谁被罚过。新加坡人的高素质难道与生俱来？

在研修班的第一堂课上，新加坡老师的开场白似乎给出了答案：“新加坡没有资源，既没有矿山来开采，也没有良田来种植，就连水都是从国外进口的，我们唯一的资源是人。但人有时不一定是资源，如果人的素质不高，人可能成为我们的累赘，唯一能把累赘变成资源的方法就是教育。”

的确，新加坡的教育很有特色，而它推行的“全人教育”育人的效果卓有成效，使得这个国家成为全球最适合儿童成长的国家之一。

首先，让校长们感触良多的是“全人教育”中的品德和公民教育。在新加坡，人们普遍认为，一个德盲远比一个文盲对社会更具负面效应。因此，新加坡教育部颁布《品德和公民教育课程标准》，规定“公民品格和道德教育”是每位学生的必修课程，采取丰富多彩的教学实践活动，培养学生“尊重、责任感、韧性、正直、关怀、和谐”的核心价值观和对法律的敬畏，学会对自己负责，对家庭负责，对社会负责。新加坡学校的品德和公民教育形式多种多样，如每天必做的升旗仪式，每天都有的晨会和训导，经常开展的“忠诚周”“礼貌周”“赴国外做义工”和“志愿服务”等小事大德的活动。低年级学生的品德教育以实践和体验为主，如开展规范的社区活动、“好朋友”计划，到福利院、收养所或儿童组织服务所清洁环境，组织慰问和募捐活动，等等。高年级学生则主要以培养道德思维能力为主，通过对道德两难问题（如“朋友考试作弊该不该揭发”“植物人是否应该安乐死”“冒死救人该不该索要报酬”等）的讨论来培养明辨是非的能力，引导学生形成正确的价值观和人生观。此外，在学校工作的方方面面，校园环境的角角落落，到处都体现着品德和公民教育的内容。

让校长们印象深刻的是新加坡学校在品德教育中呈现出的全新的教育理念。比如，来自兰溪五中的方君强校长发现，在新加坡的学校里，学生可以自由地在图书馆和教室里使用手机。面对方校长的疑惑，新加坡的同行说，学生带手机到学校，一是方便与家长联系，二是可以查阅资料，有助于学习。这是务实的做法。学生应该有自我意识并能自主管理，学会对自己负责。我们大人不也在使用手机吗？这是人与人之间的平等。在当今信息时代，手机成了学习、生活的工具，人机和谐是大势所趋。后来，在自己的游学有感中，方校长这样写道：“务实、平等、和谐，这难道不是我们学校一直追求的价值观吗？看来我们需要重新审视那幅（过去一惯用来激励学生发奋学习的）宣传画了：‘天将降大任于斯人也，必先卸其 QQ，删其微信，封其微博，收其电脑，夺其手机，摔其 iPad，断其 Wi-Fi，剪其网线，使其百无聊赖；然后静坐、喝茶、思过、锻炼、读书、弹琴、练字、明智、开悟、精进，而后必成大器也。’”①

新加坡和浙江的中小学校都开设有德育的课程，可两者有

---

① 引自浙江省教育厅外事处汇编的《坡上学记》。

什么不同之处呢？带着这样的疑问，温州实验中学的黄慧校长进行了一次很有意思的比较研究。她结合中新两国德育的课标和指南，设计了一套针对116名具有中新双重教育背景的留学生的专题问卷，对比分析了两国德育的内容、效果、途径、形式和评价，希望能从“中新德育对比”的角度解码新加坡德育“看不见”的奥妙。

在比较了新加坡2014年版的《品德和公民课程标准》和中国2017年版的《中小学德育指南》之后，黄校长发现中新两国因文化上同宗同源，因此德育的内容基本相同，但侧重点却有显著差异。中国的德育教育注重传统美德、国家认同、民族团结的内容，但对创新能力、人生规划、国际视野却关注不够。新加坡的德育内容相对均衡，尤其注重国际视野一项。就效果而言，60.3%的受访者认为新加坡的德育内容更贴近学生，学生兴趣更高。相比而言，对于中国的德育内容，黄校长认为学生的兴趣不高，只有7.8%。两国德育目标最终转化为行动的实效性也不一样，新加坡高达58.6%，而中国只有12.1%。因此，黄校长认为，我国中小学德育教育在发扬自身特色优势的同时，还需在提高学生兴趣和知行合一上下功夫。

在两国德育教育的途径、形式和评价方面，调查发现，中国最有效的德育途径分别是品德课程、班主任管理、家庭教育等，而新加坡最有效的途径是社会实践及志愿者活动、社会环境熏陶、学生社团及学生会活动。可见，在实施德育的途径和策略上，中国以品德课和班主任管理为主要途径，强调的是由外到内的灌输式教育，而新加坡则以实践类活动为主要途径，体现的是由内而外的体验式感悟。73.3%的受访者认为中国的德育说教成分较重，而只有9.5%的认为新加坡的德育说教成分较重。在德育评价方面，调查发现中国以教师主观评价为主，易受教师个人好恶、价值取向等主观因素影响，而新加坡则以客观过程化评价为主，通过教师、同伴、家长、邻居、社区的综合评价，强调“集体的主观就是客观”。相比而言，新加坡更侧重过程性评价。有受访的学生在问卷中书面建议：“新加坡德育等级和成绩挂钩，影响未来升学、申请奖学金、工作等事项，更为重要。建议中国应当适当引入相同架构，使德育在人才发展中占有更大的比重，才能让学生更重视德育方面的培养。”这一比较研究对如何改进浙江中小学的德育教育，具有很强的启发意义。

最让校长们感到疑惑的是，为什么在新加坡中小学课程体系中并没有开设法制教育的课程，但学生的法律意识却普遍很强？通过到学校实地考察，他们发现学生的法律意识是靠实践教育和法例教育树立起来的，并逐渐形成了对规则的无条件顺从和尊重的习惯。在新加坡学校里，实施体罚是合法的，对学生的处罚有诫勉谈话、停课反思、罚站、转学、送感化院等。对于屡教不改或做出破坏公共财物、不尊重老师、抽烟等行为的学生，学校还会对其鞭打，以示惩戒。鞭打是让受罚的学生感到羞耻，以后不再犯规。让学生从小敬畏规则、不敢为所欲为。今天你如果不惩罚孩子，明天一个家庭和一个民族就要被惩罚。此前，网络上流传着一篇题为《中国教育，最要命的三件事》的文章，呼吁“若要我们高贵地教书，教育必须有爱有责，学生需要适度惩戒。……中国教育已沦为了瓷娃娃教育，屁股打不得，耳朵揪不得，连一把戒尺也给戒了。没有惩罚机制的教育，让孩子失去敬畏之心，只要不杀人放火，他们可以不为任何过失买单”。但关于这一点，校长们的疑虑最多，争议也最大。在对学生实施教育的过程中，对奖与惩的把握不仅仅是一个度的问题，其实更是对人本精神的尊重和对教育之本的恪守。

新加坡"全人教育"中的能力培养和国际视野，是让浙江的校长们叹服的第二个核心优势，也引发了他们去思考如何把自己的学生培养成具有国际视野的人才。在华侨中学初级学院（大学预科课程高级中学），校长们看到了《中国通识》H2 选修课程的一道考试题："中国的改革开放带来了社会的贫富差距，而且正在扩大，你认为中国政府做好应对的准备了吗？"一个高中生从中国政府改革开放的路径和高铁等现代科技拉近了地区间距离等角度对这个问题进行了透彻的分析与解答。在参加了学生游学中国之后举办的研讨会，看到学生以"新加坡在中国的投资真的成功吗"为题撰写的研究报告和用两幅对比强烈的照片——一幅是王府井大街熙熙攘攘的人群，另一幅则是新加坡企业投资项目门可罗雀的广场作为 PPT 首页来表达他们的质疑，看到新加坡的高中孩子能用这样的全球视野和这样的研究能力发现、分析、解决问题，浙江的校长们有些坐不住了。有位校长扪心自问："这个时候我们的高中生在做什么？我们对新加坡到底了解多少？我们对这个世界到底了解多少？这个问题带来的不仅是对中国教育国际视野的深刻检讨，也应该是对中国在这场处于世界剧烈变革中的社会心态和思维方式的深刻反思。"

作为学校的管理者，校长们尤其关注新加坡的教师与校长是如何培养和发展的，因为教师队伍和管理队伍是"全人教育"得以有效实施的根本保证。新加坡的教师待遇虽好，工作却"压力山大"，以小学教师为例，每周的工作量平均在 39—40 节课（每节课 30 分钟，平均每天 8 节课），还得担任级任教师（相当于中国学校中的班主任），负责课程辅助活动、大型校园活动等。中学教师每周平均工作时间则更长，达 47.6 小时，比全球教师平均工作时间多 10 小时，是工作时间最长的教师人群之一。在研修期间，浙江的校长们惊奇地发现，面对如此繁重的工作压力，竟有 88％的教师表示工作让他们有满足感和幸福感。是什么让这些教师在面对工作时总是那样充满活力呢？

带着又一个疑问，校长们考察了新加坡教师从入职到成长到成才的全过程。在新加坡，想做一名合格的教师实则不易，要做一名受人尊敬的校长更要付出许多艰辛。首先，新教师要通过教育部组织的严格遴选，然后进入教育学院进行入行培训，接下来是由教育部为其制订专业可持续发展配套计划，每位教师可根据自身条件，自由选择所要进入的教师专业发展方向，分为教学轨道（高级教师—特级教师—教学导师）、领导轨道（学科主任—部门主任—副校长—校长—校群督导—副司长—司长—提学司）和高级专业轨道（一级高级专家—二级高级专家—三级高级专家—四级高级专家—首席高级专家），然后是每年一次的评估（相当于中国的教师年度考核），包括工作表现评价和发展潜能评价两大方面。工作表现评价包含已设定的工作目标完成情况、心智及与人共事能力、参加培训的评价、创新活动。发展潜能评价包含表现等级与工作等级的关系、最适合发展轨道的职位等级、无法达到现任等级的报告。评价结果与奖惩挂钩，奖励包括加薪、擢升、奖金、进修等。最后，教师每年还必须参加 100 小时的教育培训学习活动，多样化的教师在职培训分为专业发展延续、强化训练和延续训练计划三个模块，由政府和学校为其提供时间和经费保障。对于不合格的教师，则给予解聘，很少有不称职者仍在教师队伍中混饭吃的现象。义乌大成中学陈向明校长在了解了这些之后，深有感触地写道："反思国内，三个现象值得警惕：其一，无奈为师者有之。大凡学成之人，多搞经济、多去为官，不得已而当老师的人，多是一些素质不高的学者。只有在找不到其他职业的时候，才无奈当老师。这样的老师，很难想象，其理想、其热情、其激情、其爱心、其责任心到底有多少能真诚地奉献于教育、奉献于学生。其二，不懂为师之道者有之。只会知识的传输，不懂研究学生的学习规律，不能把握学生的个性特点，不会教给学生学习方法，只把教师当职业，而不是事业。没能把当好老师、培养好学生当作自己的理想和追求。其三，没有教师淘汰机制，庸者占据岗位，能者却难以入职，就很难形成师资队伍的良性发展。”

浙江名校长在新加坡研修

有关新加坡校长的培养和评价机制更让浙江的校长们深受启发。新加坡共有378位中小学校长，属于国家高级公务员，很受社会尊重。政府采用“潜力评价，分类发展，逐级晋升”的遴选方式，从优秀的教师中选拔校长。新加坡中小学校长都是从教师做起的。候选人必须具有良好的工作表现评价和发展潜能评价，然后选择领导轨道作为发展方向，从学科主任、部门主任、副校长、校长逐级晋升，还要参加以价值导向为基础、内容丰富的校长能力培训，以及每年由教育部组织的对校长的评价，分工作表现和发展潜能两个方面。工作表现包括关键成果领域、能力领域、学习发展计划和年度目标检讨 4 项内容。发展潜能包括前瞻能力、个人素质、升级潜能和可胜任职位 4 项内容。教育部校群督学就计划目标与实际表现对参评校长做出评估，最后由学校督导司主持全国排名，确定提升人选。根据评估结果，教育部对校长做出奖惩。奖励包括加薪、擢升、奖金、进修；惩罚有辞退、降为副校长或普通教师等。

浙江名校长在新加坡研修

聆听、观察、思考、辩论、感悟、反思、规划行动，这是浙江的校长们在新加坡三个月里所忙碌的事。他们带着疑问来到这个国度研修，却收获了更多未来工作中亟待解决的问题，回到各自的学校。一位在研修班任教的新加坡老师这样评价她的这批学员:“他们对教育是如此的满腔热忱,对知识是如此的渴求,总想在自己的学校中有所作为,是一群实干的校长。从他们身上,我看到了浙江基础教育的希望。”

在浙江对外开放的广阔图景中,中小学名校长赴新加坡研修项目算不上什么浓墨重彩的大手笔,但它的意义却无限深远,因为校长的境界决定了学校人才培养的境界,开放的学校一定会为开放的浙江培养出成千上万开放的栋梁之材。

参考文献

一、中文文献

[1] 毕世鸿,等.新加坡[M].北京:社会科学文献出版社,2016.
[2] 傅允生.以中外合作产业园建设推动浙江产业升级[J].浙江经济,2014(4).
[3] [英]康斯坦丝·玛丽·藤布尔.新加坡史[M].欧阳敏,译.东方出版中心,2016.
[4] 李伟.穿越丝路:发现世界的中国方式[M].北京:中信出版集团,2017.
[5] [新]李光耀.李光耀回忆录——我一生的挑战:新加坡双语之路[M].南京:译林出版社,2013.
[6] [新]李光耀.风雨独立路:李光耀回忆录[M].北京:外文出版社,1998.
[7] [新]李光耀.经济腾飞路:李光耀回忆录[M].北京:外文出版社,2001.
[8] [新]李慧敏.成长在李光耀时代[M].北京:北京时代华文书局,2014.
[9] 吕元礼.新加坡为什么能[M].南昌:江西人民出版社,2016.
[10] [新]玛丽恩·布拉沃·贝辛.文化震撼之旅:新加坡[M].赵菁,译.北京:旅游教育出版社,2008.
[11] 欧树军,王绍光.小邦大治:新加坡的国家基本制度建设

[M]. 北京:社会科学文献出版社,2017.

[12] 庞卫东. 新加坡与马来(西)亚的合并与分离研究(1945—1965)[M]. 北京:社会科学文献出版社,2017.

[13] [英]R. P. W. 海沃斯. 日本远东战争罪行丛书:樟宜战俘营 1942—1945[M]. 季我努,译. 重庆:重庆出版社,2015.

[14] 〔元〕汪大渊. 岛夷志略[M].

[15] 王赓武. “党国民主”与三代海外华人的进与退[J]. 中国台湾“中央研究院”近代史研究所集刊,2011(67).

[16] 徐歌. 新加坡:阳光照耀鱼尾狮[M]. 南宁:广西民族出版社,2006.

[17] 浙江省教育厅外事处. 坡上学记[G]. 2018.

二、英文文献

[1] Albert Lau. A Moment of Anguish: Singapore in Malaysia and the Politics of Disengagement [M]. Singapore: Eastern Universities press, 1998.

[2] Chan Heng Chee. Politics in an Administration State: Where has the Politics Gone? [M]//Seah Chee Meow. Trends in Singapore. Singapore: Singapore University press, 1975.

[3] Edwin Lee. Singapore, the Unexpected Nation [M]. Singapore: ISEAS Publishing, 2008.

[4] F. S. V. Donnison. British Military Administration in the Far East, 1943—1946 [M]. London: H. M. Stationery Office, 1956.

[5] G. F. Davidson. Trade and Travel in the Far East; Or Recollections of Twenty-one Years Passed in Java,

Singapore, Australia and China[M]. London: Madden and Malcolm, 1846.

[6] People's Action Party. Sixth Anniversary Celebration Souvenir[C]. Singapore, 1960.

[7] J. F. A. McNair & W. D. Bayliss. Prisoners Their Own Warders: A Record of the Convict Prison at Singapore in the Straits Settlements Established 1825 [M]. Westminster: Archibald Constable and Co, 1899.

[8] Mohamed Noordin Soopiee. From Malayan Union to Singapore Separation [M]. Kuala Lumpur: Penerbit University Malaya, 1976.

[9] Thomas J. Bellows. The People's Action Party of Singapore: Emergence of A Dominant Party System[M]. New Haven: Yale University Southeast Asia Studies, 1970.

[10] Patrick Keith. Outed [M]. Singapore: Media Master Pte. Ltd. , 2005.

[11] People's Action Party. The Tasks Ahead [C]. Singapore, 1959.

[12] R. Emerson. Malaysia: A Study in Direct and Indirect Rule[M]. Kuala Lumpur, 1964.

[13] Singapore Ministry of Culture. The Socialist Solution: An Analysis of Current Political Forces in Singapore [M]. Singapore, 1960.

[14] Tunku Abdul Rahman. Looking Back [M]. Kualu Lumpur: Pustaka Antara, 1977.

[15] W. Churchill. Second World War, IV [M]. London, 1951.